I'm Cooking For You

KIKIのニューヨーク・ベジタリアン入門
おうちでたべよう ヘルシーレシピ48

工藤キキ

エリへのアーティチョークごはん 10

レイカへのアキーとNOソルトコッドフィッシュ 12

カリッサへのアボカドパスタ 14

ニナへのアップルセージサラダ 16

アイリスへのアボカド納豆ごはん 18

ドミーへのポテトコロッケ 20

ギャビーへの大根ピクルス 22

オースティンへの焼きモチコーン 24

ザックへのブレックファーストひよこ豆のパンケーキ 26

リアへの赤キャベツ、とうもろこし、ひよこ豆粉のパンケーキ 28

ハサンへの焼きナスの和風ババガヌーシュ 30

キキへのジンジャー卵チャーハン 32

ソフィーへの白菜のターメリック炒め 34

ユミへの甘いタヒニソースの間違ったワンタン 36

アンへのひよこ豆と納豆のフムス 38

トーマスへの野菜餃子 40

アナマリーへのブラックタイガーサラダ 42

ジョアンナへの冷製トマトガスパチョヌードル 44

ジャイコへの新鮮なカブのサラダ 46

ニックへのブラックオリーブみそスープ 48

アディへのいなりずしポケット 50

グラベへの四川風セロリピクルス 52

ケイトへのアズキチリスープ 54

ジュリアへのカリフラワーサラダ 56

ゲリャへのセロリルーツのグリル 58

まりこへのキュウリ爆弾 60

マリーナへのジンジャー大学イモ 62

グロリアへの簡単なスープなしラーメン 64

2

サブリナへのデーツボール　66

マーカスへのとうもろこしの冷やしみそスープ　68

ボビーへのゴボウとニンジンのグルテンフリーかき揚げ　70

ジェイコブへのふわふわお好み焼き　72

ジャスティンへのフライドガーリックとディルのすしおにぎり　74

ミホへのアーティチョークの焼きおにぎり　76

シャウナへのグリルドカリフラワーのタヒニ和え　78

ダニーへのグリルドパイナップル・フムスサンドイッチ　80

ロダンへのみそズッキーニ　82

ナオコへのマッシュルームパスタ　84

デクスターへのマイヤーレモンとキンカンのチャツネ　86

ロスへのお母さんのポテトサラダ　88

ルイーズへの白菜と椎茸ベーコンのサラダ　90

ブライアンへのパイナップルガスパチョ　92

ジェシカへのライス＆ビーンズ　94

グレンへのビーツのリボンとルッコラのサラダ　96

アンソニーとジェニーへのスパイシーな四川風ナス　98

エヴァン＆リュータスへのゴールデンビーツとニンジンのきんぴら　100

最高の友人への手巻きずしパーティー　102

大切な友人へのそうめんパーティー　104

TXT

Itadakimasu, キキからあなたへ　4

Z. Susskindさんからあなたへ　111

3D Illustrations/Design by Brian Close

Special Thanks to Perks And Mini

Itadakimasu, キキからあなたへ

本格的に料理に向き合うようになったのは2011年のハロウィーンにニューヨークへ引っ越してきてから。東京にいた頃も料理はしていたけど、外食でも家庭料理のようなものがあったり、あっさりしたものが手短かに食べられる店も多いので、家ごはんも外食も半々だったと思う。地球きっての大都市ニューヨークだけになんでも手に入ると言っても過言ではない。数は多くないけれど、日本のスーパーもあるし、納豆だって毎日食べることもできたりする。来たばっかりの頃に驚いたのが、ニューヨークといえばのスライスピザを友人たちがオヤツ感覚で食べてること。そして、バーフードの定番モッツァレラスティックやピクルスのフライにテイタートッツのようなジャンクな揚げ物カルチャーの洗礼は衝撃的だったけど、今では嫌いではない。住み始めの頃はスライス1枚食べきるのもやっとだったのに、6年も経つと2枚いけなくもない。とはいえ毎日ピザというわけにはいかない。ダウンタウンに住む私にはチャイナタウンが近いのでアジアンフードは身近にあるけれど、やっぱり日本食で育ってきてしまったので、朝は納豆ごはんが食べたいし、夏

には氷でしめた冷たいそうめんが食べたいし、食欲がない朝はおみそ汁をすすりたいわけで、なんでもありのニューヨークではあるが、気分にあった食べ物を出してくれるような気のきいた店を探すのは、かなり至難の業だったりする。だったらおうちでつくったほうがいいんだよね。ここにまとめたのは、シンプルで手間のかからない、日本食をアレンジしたり、ニューヨークらしい食材を取り込んだレシピです。

私の最初のルームメイトのカリッサは、ニューヨーク出身のアーティスト。彼女は日本のカルチャーや日本食が大好きで、私がテキトーに自分用につくる料理もいつも感心してくれて、特にアボカドパスタはレシピを教えるとそんなに料理をしない彼女でも自らよくつくっていた。そうだ、ふたりで「Rouge Salad Bar」という友人を招いたパフォーマンスのような料理教室を1回だけやったことがあって、そこでこの本にも載っているアボカドパスタとみそズッキーニを紹介したことがある。ニューヨークで暮らし始めて気づいたのが、ニューヨーカーはとにかく忙しい、または忙しくしたいとディナーやパーティーなどの予定を詰め込む人が多い。そして仕事で疲れ果てて、料理をするエナジーはないが次のパーティーに行く合間にサクっと何か食べたい、かといってジャンクなファストフードは避けたいっていうタスクをサバイブしている人たちがすごく多い。オーガニックフードやジュース、アサイボウルにポケボウルのようなものが流行っているだけに、クリーンなものを食べたいという人たちも大勢いる。なかでも日本食はクールでヘルシーという驚きの認知度で、友人をディナーやランチに招待するとものすごく喜ばれる。日本の家庭料理をベースに、ベジタリアンな具を中心にしたそうめんや手巻きずしみたいな大勢で楽しく食べられるものをよくこしらえるんだけど、それは新しいレシピを考えるきっかけになるし、友人にごはんをつくるのはニューヨークで暮らす楽しみのひとつだったりする。

日本では友人同士の間であまり使わない言葉だったけど、家族と離れ、さまざまな背景を持ってニューヨークという街に集まってきた者同士は「ファミリー」という言葉をよく使う。この本にはニューヨークで出会った友人であり、私のファミリーに向けた48のレシピが詰まっている。「彼／彼女／彼らたちは何が食べたいのかな？」と友人のことを思いながら、グルテンフリーやナッツフリーのレシピを考えるのは本当に楽しい。これはアメリカに来てから気づいたことだけど、日本人っていろんなバリエーションの野菜の切り方を知っている。同じキュウリでも千切りでシャキシャキした感じとか、一口大でかじりつくほうが楽しいとか、ちょっとした切り方の違いは「こんな風に味わってもらえたらいいな」というつくり手の願いが込められているんだと実感する。

まだまだ知らないことだらけのアメリカ生活をいつも応援してくれる夫のBCことブライアンからはたくさんの影響を受けている。彼はフレーバーに関しては一家言ありで、ブライアンといったらスパイシーとか、酸っぱいとか、すりおろ

しのジンジャー、ガーリックみたいなストロングなフレーバーが大好き。アップルサイダービネガーは彼がつくってくれる料理にはいつも登場する！　ニューヨークのローワーイーストサイドにあるDimes Deliには、私が手掛けていたアートフードプロジェクトの「CHISO-NYC」という瓶に詰めたヴィーガン弁当が2014〜18年まで置かれていた。このメニューもブライアンから超影響を受け、ストロングで印象的なフレーバーを心掛けてつくったもの。この本で紹介したスパイシーなレシピはブライアンに向けて考案されたものが多い。体調が悪いと思ったらジンジャーにライムジュース、オレガノオイルにカイエンペッパーを一緒に飲んじゃう、もはやジュースの域を超えた「オーガニック・メディスン」で気合いを入れるニューヨーカーからはたくさんの新感覚を学ばせてもらっています。

そんなわけで、この本はオーガニックやローカルで育った野菜を使った、素材本来のおいしさがメインのシンプルなレシピが基本だけど、新しいフレーバーだったり、新しい組み合わせなんかを感じてくれたら幸いです。

そして、あなたの好きな人たちにつくってくれたらもっとうれしい。

工藤キキ　2016

追記

2016年にブライアンとスタートしたこのプロジェクトは一日で全部終わらせる勢いで始めたはずなのに、日々の多忙さにホンローされているうち、気がつけば2018年になっていた。そこにカメラマンのナオコちゃんが参加してくれることになり、ソーホーの私たちの家に週一で集まって撮影すること数か月。それでようやくすべてのレシピを撮り下ろすことができた。2019年はクッキングブックをどうやって出版すればいいのだろうか？という巨大な問題にブチ当たるも、英語でレシピをまとめなければいけないという、私にしてみたらお仕置きか？というくらい苦手な英語の宿題が山積みに……そんな難関にブチ当たっていたところにニナが働いていたレコードストア「COMMEND」の帰りにうちに寄ってくれて英語の添削や編集を手伝ってくれるようになり、そしてすべてまとまった頃にCOVID-19の時代が始まった。COVID-19によるパラダイムシフトは日常にあるすべてのシンプルな喜びを、愛おしく、懐かしい、特別なものに変えた。

ここにあるシンプルな48のレシピをともにした家族や友人たちとの食卓やパーティーが貴重な時間になるなんて、一体誰が想像しただろうか……。2016〜19年頃に書いた自分のテキストと2022年現在の温度差は「時の流れ」としては収まり切らないので、以前の記録として修正せず、その代わりにこのテキストを新たに加えてみた。

食生活に対する再考察や健康管理に対する関心もさらに高まり、ロックダウンをきっかけに料理に目覚めた人がたくさんいるのはSNSを見る限り一目瞭然だと思う。

この本は「ヴィーガン44＋卵使用4」のレシピ本となっているけど、料理をしたくなるインスピレーションのひとつとして役立ててもらえればうれしい。こんな不安定な時代の中でも、パンデミックの渦中でも、人類の生きる糧であるクリエイティブの場をシェアし続けてくれる「パークス・アンド・ミニ」とカリ・デヴィットのプラットフォーム「A Positive Message」から出版されるのは最高の展開でした。ありがとうございます。

工藤キキ　2022

追記2

この料理本のプロジェクトは「食べられる食べ物」についてだけでなく、「夢見ることのできる食べ物」「現実的な食べ物」「超現実的な食べ物」にも焦点を当てています。

私たちが現実世界で身体を動かすために必要なエネルギーを与えてくれる食べ物がある一方で、ゲーム空間の中でキャラクターを動かすために必要なHPを与えてくれる食べ物もあります。料理人が提供する食べ物があり、ゲームデザイナーが創り出す食べ物もあります。パンデミックの渦中に、私が初めて手にしたゲーム『あつまれ　どうぶつの森』を通じて、仮想世界が現実のように何度か感じられたことや、レストランや料理の体験が物理的な存在から概念的なものへとシフトすることの不思議さを知りました。この本にあるレシピは、そんな発見から生まれたインスピレーションも込められています。断食が健康のための選択であるだけでなく、戦争への抗議の象徴としても行われるように、食べ物は今や自己表現のツールとしての意味も帯びつつあります。

InstagramなどのSNSでは、食べ物が「アート」として表現されており、同時にそれが「食欲」という生物学的欲求をも満たす存在であることに気づかされます。

この本に収められた食べ物たちは、現実と非現実の境界を結び、ゲームと現実、シミュレーションと実生活、メタバースの前と後をつなぐ懸け橋のような存在です。3Dプリントの彫刻作品としてつくられる可能性も持っていますが、同時に金曜の夜のTVディナーを楽しむ一品としても存在します。

「食」を実際に味わうことや消費するだけでなく、文化や生活様式の一部として象徴的な役割を果たす存在としての「食」。食べ物やその関連文化をデジタル化し、仮想空間でトークンとして取引される「食」。そして食べ物の持つ文化

的背景や、異文化を渡り歩きながら進化してきた「食」を受け継いでいくこと。ベジタリアンになった2006年以降からつくり続けているアボカドパスタやポテトサラダなどの子供の頃から親しんだ味たち。

2016年に考案したレシピを2024年の今でも繰り返しつくっているのは生物学的に求められた「食」であるということがわかります。この機会になぜベジタリアンになったのかを記しておくと、子供の頃から脂っこいものが苦手で、特に学校給食が大の苦手でした。当時、唯一好んで食べていたのは牛の赤身肉や鶏の胸肉（皮なし）でしたが、豚肉に関しては震えがくるほど受けつけず、豚肉率が多かった給食の時間が苦痛だったことを覚えています。2000年初頭、日本で狂牛病（BSE）が問題になり、牛肉が市場から姿を消した際には、当時、私の好物だった牛タンも同様に消えてしまいました。そのため、仕方なく豚肉を試してみたところ、そのおいしさに驚きました。特に豚バラと白菜を重ねて蒸したものにポン酢を垂らしていただく料理や、生姜焼きやヒレカツなどに魅了され、なぜ今まで避けていたのかを疑問に思うほどでした。

しかし、その後には鳥インフルエンザが流行し、またもや状況は一変しました。このような食品に関する問題は、政府の政策や経済的な影響を受けていると感じており、自分の食生活がこうした外的要因に左右されることへの懸念が芽生えてきました。せっかく好きになった豚肉でしたが、2006年を機に私はすべての食肉の摂取をやめました。

2014年にニューヨークでブライアンと出会ってからもうちではベジタリアン中心の食事でしたが、2021年にコネチカットのファームランドで暮らし始めてからは、近所のファームストアやローカルのブッチャーで地産の食肉が手に入りやすくなり、夫のブライアンのリクエストによって、唐揚げや牛丼など、味の記憶がある料理をたまにつくることはあります。唐揚げなんかも仕事のケータリングで人気メニューのひとつなので、風味やテクスチャーを確認するために味見はしますが、日常的に食べたくなるかといったら……全く恋しくないですね！　フェイクミートに関しては、代替肉を選ぶよりも、本物の肉を選ぶほうが適切であると考えています。

パワフルな脂の旨味や豊富なタンパク質をもつ食肉とは異なる次元にいる野菜は、その切り方で食感を変え、調理の仕方で満足度の可能性は無限に広がります。

　本書『ニューヨーク・ベジタリアン入門』は、シンプルな材料と簡単につくれるレシピばかりですが、手に入りにくい野菜やユニークな調味料の組み合わせなどが含まれているので、私のテイストを楽しく体感していただけると思います。

　退屈しないベジタリアン入門として、本書を参考にしていただけたら幸いです。

工藤キキ　2024

Artichoke Gohan for Eri

エリへの アーティチョークごはん

エリはアクティビストであり、東京でヴィンテージショップ「DEPT」を経営しています。以前、彼女が買いつけのためによくロサンゼルスを訪れていた時期に、私も偶然ロサンゼルスに滞在していたので、この料理をつくりました。炊き込みごはんといえばたけのこを使いますが、ロサンゼルスではアーティチョークを使ってみました。たけのこに似た食感と、ナッツのような風味がとても気に入っています。

材料（6人分）
- アーティチョーク：4個
  （ハート部分を使用、スライス）
- 米：3カップ
- 水：3カップ
- 料理酒：大さじ5
- たまり醤油：大さじ5
- 生姜：大さじ1（細切り）
- 海塩：大さじ1（アーティチョークをゆでる用）

つくりかた
1. 米を水に30分浸します。
2. その間、アーティチョークを蒸し器で約30分蒸し、冷まします。
3. 葉を取り除き、チョークを取り除いた後、ハート部分をスライスします。
4. 水を切った米を鍋に入れ、そこに水、たまり醤油、酒、生姜、アーティチョークを加えます。
5. 中火で沸騰させ、フタをして15分ほど水分が完全に吸収されるまで炊きます。
6. 火を止め、フタをしたまま10分蒸らして完成です。

Ackee & No Saltfish for Reika

レイカへの アキーとNOソルトコッドフィッシュ

アキーはジャマイカでお馴染みの果物で、アキーと塩タラの炒め物はクラシックなジャマイカ料理です。ニューヨークで日本食レストランを経営するレイカが、ジャマイカ旅行から戻ったばかりだったので、彼女のうちで友人のマーカスから教わったレシピをもとにヴィーガン・バージョンのディナーをつくりました。ニューヨークのエセックスマーケットにはカリブ系の食材を扱うグロッサリーストアがあり、缶詰のアキーを購入することができます。

材料（4～5人分）

- 缶詰のアキー：1缶
- 玉ネギ：2個（角切り）
- パプリカ（赤/緑）：2個（角切り）
- トマト：2個（角切り）
- にんにく：5片（みじん切り）
- スコッチボンネットペッパー：小さじ1（みじん切り）
- 長ネギ：1本（スライス）
- 生のタイム：3本
- 黒コショウ：小さじ1/2
- エクストラバージンココナッツオイル：大さじ2
- 海塩：少々（味を調えるため）

つくりかた

1. 鍋にココナッツオイルを熱し、玉ネギ、にんにく、長ネギ、スコッチボンネットペッパー、パプリカを15分ほど玉ネギがしんなりするまで炒めます。
2. トマト、アキー、タイム、黒コショウを加え、軽く混ぜ合わせます。
3. フタをして弱火で20～30分煮込みます。

Avocado Pasta for Carissa
カリッサへのアボカドパスタ

火を使うのはパスタをゆでるときだけという、簡単でおいしいレシピです。これは日本に住んでいた頃からつくっているお気に入りの一品で、枝豆とパスタを同じ鍋でゆでるので手間もかかりません。リッチな味わいで満足感があり、いわばワカモレとパスタを混ぜたような料理です。私の最初で最後のルームメイトであるカリッサはアーティストでありながら、ローワーイーストサイドにある「Reena Spaulings Fine Art」も運営していました。私たちのアパートはギャラリーから歩いて3分という非常に近い距離にあったため、このレシピを教えて以来、彼女は仕事から帰ってくるとアボカドパスタをサクッとつくって食べて、パーティーなどに出かけていきました。私たちは一度だけアパートで料理教室「Rouge Salad Bar」を開催したことがあり、アーティストの友人を招いてアボカドパスタとみそズッキーニのつくりかたを教えて、みんなで一緒に食べたのでした。

材料

- パスタ：100グラム（スパゲッティが最適）
- アボカド：1/2個
- にんにく：1片（すりおろし）
- オリーブオイル：大さじ2
- りんご酢：大さじ4
- 冷凍枝豆：10〜20個
- 海塩：大さじ1/2
- パルミジャーノまたはペコリーノ：お好みで

つくりかた

1. パスタをゆでるためのお湯を沸かします。
2. 大きめのボウルにアボカドを入れて潰します。
3. 潰したアボカドに、オリーブオイル、すりおろしたにんにく、りんご酢、海塩を加え、すべてを混ぜて滑らかなペースト状にします。
4. 沸騰した湯に冷凍枝豆を入れ、5〜8分ゆでます。ゆで上がったら、豆を取り出します。
5. パスタをパッケージの指示に従ってアルデンテにゆでます（通常は約10分）。
6. 枝豆とアボカドが混ざったボウルにパスタを加え、よく絡めます。
7. お好みでパルミジャーノまたはペコリーノをかけて、クリーミーなアボカドパスタの完成です。

Apple Sage Salad for Nina
ニナへのアップルセージサラダ

　CHISO-NYC というのは、2014〜18 年まで私がつくっていた、瓶に入ったヴィーガン弁当のことで、販売していたのはローワーイーストサイドにある Dimes Deli。18 年には New Museum の 1 階にあるカフェでも取り扱ってもらいました。日本の押しずしからインスパイアされた、8 つのおかずの層になっている、ヴィーガンでグルテンフリー、オーガニック／ NON GMO の野菜を使った、カジュアルに日本食テイストを味わえるお弁当です。このお弁当はダウンタウンのみなさんにとても愛されていました。今後、ビジネスプランが整ったらまたつくりたいと思っていて、これは将来の楽しみのひとつ。アップルセージサラダは、フタを開けたとき最初に登場するおかずで、フレッシュで酸味のあるフレーバーとサクサクとした食感のサラダです。アメリカに来てりんごの種類の多さと、食感のバラエティーに驚きましたが、ピンクレディーアップル、またはハニークリスプアップルが私のお気に入りです。ニナは私のレコード・リリース・パーティーなども行なった、今は亡きレコードストア「COMMEND」に勤めていて、お店の帰りにうちに寄ってくれて一緒にごはんを食べながら、この本の英語バージョンのテキストの編集を手伝ってくれたのでした。

材料
- ピンクレディーアップル：1 個（薄くスライス）
- フレッシュセージの葉：5 枚（細かく刻む）
- ココナッツチップ：大さじ 3
- ライム汁：大さじ 2
- ルッコラ：少々
- 海塩：少々

つくりかた
1. ボウルにピンクレディーアップル、セージ、ココナッツチップ、海塩を混ぜます。
2. ライムの搾り汁を加えて和えます。
3. 冷蔵庫で 10 分冷やします。ルッコラやほかの葉物野菜と混ぜるとドレッシング代わりにもなります。

Breakfast Avocado Natto Gohan for Iris

アイリスへのアボカド納豆ごはん

私は世界中の人々と納豆を楽しむ方法を共有したいです。納豆ごはんなんて、すでに DNA に刻まれているレシピだよって思う人もいると思います。だけど、この本のレシピはアメリカで出会った友人に向けたレシピであり、こんな素晴らしいものを知らない人がまだまだいるので、わかっちゃいるけど掲載しています。ビタミン K やプロバイオティクスが豊富なスーパーフードであり、スライミーな食感と発酵した大豆による説明し難い奇妙な味 ──とはいえ、一度、納豆の味を覚えてしまったアメリカの友人たちは、総じて納豆のトリコになってしまうことを、私はよく知っています。2012年に偶然パーティーで出会ったアイリスは、当時アメリカンアパレルのクリエイティブ・ディレクターで、その後はエシカルブランドの「Everybody.World 」をスタートさせたロサンゼルス在住だけど年に 1 回はガッツリ一緒に遊ぶ大切な友人。私がつくる "エブリデイフード" の大ファンといえば、まずはアイリスの顔が思い浮かぶ。アイリスは私の料理を「ペインティングみたいだ」といつも楽しみにしていて、一緒に過ごすときは「画材（食材）を買いに行こう！」とグロッサリーストア（画材屋）に行きます。2018 年に Everybody.World とリトルブラックドレスをつくったローンチ・イベントのとき、このアボカド納豆ごはんをつくりました。

材料
- 納豆：1 パック
- 青ネギ：1 本（みじん切り）
- 練り辛子：小さじ 1
- 水：1 カップ
- アボカド：1/2 個（角切り）
- たまり醤油：小さじ 1
- 米：1 カップ

つくりかた
1. 米を洗い、鍋に水と合わせ、中火で沸騰させます。
2. 水が沸騰したら、火を弱め、フタをして 12 〜13 分、または水分が完全に吸収されるまで炊きます。水分が残っている場合は、フタを閉めてさらに少し長く炊きます。
3. 鍋を火から外し、フタをしたまま 10 分ほど蒸らします。
4. 納豆はまず辛子と混ぜてからたまり醤油を加えて混ぜるのが鉄則！ 炊きたてのごはんの上に納豆と角切りのアボカドを乗せ、さらに練り辛子とたまり醤油をかけます。

Japanese Potato Croquette for Domi

ドミーへのポテトコロッケ

ソーホーの家の大家さんでありグラフィックデザイナーのドミーは、野菜よりも肉派でしたが、スイス人らしくポテト料理も好きだったので、私の母がよくつくってくれたこのコロッケを気に入ってよく食べてくれました。つけ合わせの練り辛子は、アメリカのマスタードよりもスパイシーで、ブライアンをはじめファンが多い一品です。なので、いつも冷蔵庫には入っています。また、このコロッケを使ったサンドイッチは、翌日のランチにもぴったりです。

材料（7個分）
- 中くらいの男爵イモ：4個
  （丸ごと蒸して皮をむく）
- りんご酢：大さじ1
- 赤玉ネギ：1/2個（みじん切り）
- 固ゆで卵：2個
  （白身は細かく刻んで黄身は潰す）
- 海塩：小さじ1

揚げるための材料
- 卵：1個
- 米粉：1/2カップ
- パン粉：1/2カップ
- サンフラワーオイル：2カップ
- お好みソースと辛子

つくりかた
1. 大きな鍋に2カップの水を入れ、男爵イモを蒸し器にかけて30〜40分、柔らかくなるまで蒸します。火を止め、冷ましてから皮をむきます。
2. フライパンで玉ネギを飴色になるまで炒め、冷ましておきます。その間に固ゆで卵をつくっておきましょう。男爵イモをポテトマッシャーで潰し、りんご酢と炒めた赤玉ネギを加えます。さらに、海塩、ゆで卵の白身、黄身を加えてよく混ぜ、冷ましておきます。
3. 冷めたら、男爵イモのミックスを楕円形に成形します。
4. 米粉、溶き卵、パン粉の順に衣をつけます。
5. フライパンにサンフラワーオイルを多めに注ぎ、中火で両面が黄金色になるまで揚げます。
6. 揚げたコロッケをワイヤーラックやキッチンペーパーの上で油を切ります。あとは、お好みソースと辛子を添えてどうぞ。

Daikon Pickles for Gabi
ギャビーへの大根ピクルス

ちょっと何か食べたいと思ったときに、アメリカでは「ちょっとしたスナック的なもの」が少ないと感じます。強いていえば、ピザやタコス、フライドポテトなどがその部類に入りますが、どれも言わずもがなのヘビーなものばかりです。日本でいうところの「おつまみ」や「お通し」、お酒の「あて」のような軽いものは、こちらではナッツやオリーブぐらい。なんでも揃っているはずのニューヨークでさえ「ちょっとした」食べ物を探すのは一苦労です。だからこそ、冷蔵庫にピクルスがあるだけで、ごはん前の軽いスナックとして重宝します。

ブライアンと私にとってニューヨークでの父のような存在であり、ファッションブランド「threeASFOUR」のデザイナーでもあるギャビーは、いつも私のつくるピクルスを楽しみにしてくれるひとりです。threeASFOURのスタジオがチャイナタウンにあった時代、ニューヨーク・コレクションの打ち上げでは、ギャビーのお母さんが腕を振るってババガヌーシュやフムス、タブーレなどのアラブ料理をスタッフに振る舞っていました。その中には、ピンクに染まったカブのピクルスもあり、これはギャビーの家族伝統のレシピです。少しスパイシーな大根のピクルスは、スタジオ帰りにアサヒビールを片手に現れるギャビーの「おつまみ」としてもぴったりです。

材料
- 水：1カップ
- 米酢：1/2カップ
- アガベシロップ：大さじ2
- 乾燥唐辛子：1本（みじん切り）
- 大根：1/2本（いちょう切り）
- にんにく：1片（スライス）
- 海塩：小さじ2

つくりかた
1. 鍋に水と海塩を入れ、中火で海塩が完全に溶けるまでかき混ぜます。
2. 米酢、アガベシロップ、にんにく、乾燥唐辛子を加え、粗熱が取れるまで冷まします。
3. ピクルス用の瓶に大根を入れ、ピクルス液を注ぎます。
4. 一晩常温に置き、翌日から冷蔵庫で保存します。最大2週間くらい保存できます。

Grilled Mochi Corn for Austin

オースティンへの 焼きモチコーン

モチコーンは、生のとうもろこしをもち粉で和えてオリーブオイルで揚げたところ、甘さ、カリカリ感、もちもちした食感が共存する、偶然生まれたレシピです。手巻きずしやおにぎりの具、麺類のサイドとして、夏に採れたてのとうもろこしがファーマーズマーケットに並ぶようになるとよくつくります。ブルックリンのグリーンポイントにあったマジックシティーは、昼はコマーシャルキッチン、夜はクラブとして使われるスペースでした。そこにミュージシャンの友人が集まりジャムセッションを行った際、私はキッチンでモチコーン入りのおにぎりをつくりました。ジャムに参加していた Onyx Collective のドラマー、オースティンがこれをとても気に入り、その後もうちにごはんを食べに来るたびにリクエストされる一品となりました。

材料
- とうもろこし：2本（粒を取り外す）
- もち粉：大さじ3
- 水：大さじ3
- オリーブオイル：1/2カップ
- 海塩：適量

つくりかた
1. 生のとうもろこしの皮をむき、穂先を下にしてまな板に置き、上からナイフで粒を削り落とします。
2. ボウルにとうもろこしの粒ともち粉を入れ、均等にまぶすようによく混ぜます。
3. 揚げ物用の鍋にオリーブオイルを入れ、中火で加熱します。
4. とうもろこしともち粉を混ぜたものを、かき揚げをつくる要領で箸を使いながら形を整え、カリッとするまで約15分揚げます。
5. 油を切り、海塩を振りかけて完成です。

Breakfast Chickpea Pancake for Zack

ザックへのブレックファースト ひよこ豆のパンケーキ

Dimes Deli の看板店主でもあるアーティストのザックは、CHISO-NYC のファンであり、Dimes Deli のお客さんに CHISO-NYC をよく宣伝してくれていました。CHISO-NYC を辞めた後も、ザックとソフィーのカップルとはお互いの家を行き来して食事をともにしています。このレシピは、彼らのアップステートの家に泊まりに行ったときに朝食としてつくったものです。ライスフラワーやそば粉を使ったグルテンフリーパンケーキの一例ですが、私はひよこ豆の質感が特に気に入っています。ヨーグルトとメープルシロップを添えて楽しんでください。

材料（8〜9枚分）
- ひよこ豆粉：2カップ
- オーツミルクまたはお好みのミルク：1.5〜2カップ
- ベーキングパウダー：大さじ1
- チアシード：大さじ2
- アガベシロップまたはメープルシロップ：大さじ4
- ギーまたはバター：適量（調理用）

つくりかた
1. ひよこ豆粉とベーキングパウダーを混ぜ合わせ、オーツミルクとアガベシロップを加えます。
2. 中火でフライパンを温め、ギーを溶かします。
3. 1/4カップの計量カップを使い、ミックスした液をフライパンに流し込み、約2〜3分焼きます。
4. パンケーキの表面に気泡ができたら、注意して裏返し、フライパンにフタをしてもう1〜2分、裏面がゴールデンブラウンになるまで焼きます。

Red Cabbage, Fresh Corn & Chickpea Flour Pancake for Leah

リアへの赤キャベツ、
とうもろこし、ひよこ豆粉のパンケーキ

日本にいた頃は、グルテンフリーという言葉さえ知りませんでした。アメリカに10年ほど住んでみて、バランスを取りつつ自分の身体に耳を傾けることがベストだと思うようになりました。もし身体が重いと感じたなら、グルテンを控えるのもひとつの手かもしれません。アーティストのリアは、私が初めてグルテンフリーというものを知るきっかけになった友人で、この小麦粉を使わない、甘くないパンケーキは、彼女のためにつくったレシピです。

材料

- 赤キャベツ：1/2個（みじん切り）
- とうもろこし：1本（粒を取り外す）
- ひよこ豆粉：1カップ
- 水：1/2カップ
- 海塩：小さじ1/2
- 卵：2個
- ごま油：大さじ1
- ごま油：大さじ1〜2（調理用）

つくりかた

1. 大きなボウルにひよこ豆粉、赤キャベツ、とうもろこし、海塩、卵、ごま油を入れ、滑らかになるまで混ぜます。
2. 大きなフライパンを中火で温め、ごま油を加えます。フライパンに生地を円形に広げます。
3. フタをして弱火で8〜10分焼きます。底面にきれいな焼き色がついたら裏返し、再びフタをしてさらに8〜10分焼きます。

Grilled Eggplant & Baba Ghanoush for Hassan

ハサンへの焼きナスの和風ババガヌーシュ

このレシピは、ちょっとしたおつまみや手巻きずし、そうめんの具としても活用できます。私は「ごま」を食べて育ったけれど、「タヒニ」は大人になってから知った食材です。日本でいうところの「練りごま」に似ていますが、アメリカではオーガニックや発芽したものなど、種類やブランドも豊富です。ベジタリアンにとっては、うれしい良質なプロテインを含んだ万能調味料です。ひよこ豆のフムスに混ぜたり、サラダのドレッシングとしても使えますが、ポン酢との和風の組み合わせも絶妙です。アンダーウォーター・フォトグラファーのハサンは、ソーホーのご近所さん。うちで一緒にごはんを食べることも多く、ハサンがナス好きなことを知ってつくった一品です。

材料（2人分）
- 米ナス：1
- オリーブオイル：大さじ2
- にんにく：2片（すりおろし）
- ポン酢：大さじ2
- タヒニ：大さじ1
- 海塩：ひとつまみ

つくりかた
1. オーブンを190℃に予熱します。ナスに数か所楊枝で穴を空け、丸ごと天板に乗せて約45分焼きます。ナスは皮が黒くなってしぼんだら、中が蒸されて柔らかくなっています。
2. ナスを半分に切り、中身をフォークでくり抜いてほぐします（火傷に注意）。
3. ほぐしたナスをボウルに入れ、オリーブオイル、タヒニ、にんにく、海塩を加えて熱いうちに混ぜ、最後にポン酢を加えてさらに混ぜます。

チャイナタウンにある「サンズ・オーガニック・ティー・ショップ」は素敵なお茶屋さんでした。オーガニックの中国茶はもちろん、ヒマラヤ産のミネラルの塊やスーパーフードも取り扱っていました。あるとき、疲れ切っていた私に、オーナーである中国人女性のローナがこのレシピを教えてくれました。彼女は「この卵チャーハンは女性の健康に良い」と話していました。チャーハンは私の得意料理のひとつなので、おいしくつくれないはずがないと覚醒。卵はふわふわ、生姜は多め、そして醤油はほんのり香りがつく程度という味つけが好きです。

材料
- 炊いたごはんまたは残りごはん：1カップ
- 卵：2個
- 生姜：約5センチ（皮をむいて細切り）
- ごま油：大さじ2
- たまり醤油：小さじ1
- 海塩：ひとつまみ

つくりかた
1. 卵を小さなボウルに割り入れてかき混ぜます。
2. フライパンを中火で熱し、ごま油を加えて卵を流し入れます。
3. 卵の外側がふつふつ焼けてきたら、中央にごはんと生姜を加え、卵と一緒に炒めます。
4. 3〜4分炒め、卵がごはんの一粒一粒にコーティングされるまでしっかり炒めます。
5. 最後にたまり醤油を加えて全体を混ぜ合わせ、仕上げに海塩で味を調えます。

Ginger Fried Egg Rice for Me

キキへの
ジンジャー卵チャーハン

33

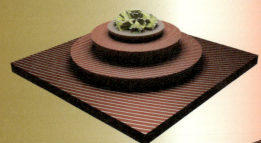

2017年にチャイナタウンにあるGEORGIAのスタジオで、ロダンと一緒にエリトリア料理と日本料理のフュージョンをテーマにしたディナーパーティーを開催したときに、この料理をつくりました。チケットは完売し、Dimes Deliのオーナーであるソフィーやサブリナを含む60人のゲストが参加してくれました。スタジオは7階にあり、ビルにはキッチンもエレベーターもなかったため、すべての料理をスタジオの外で調理し、階段で運び上げる必要がありました。さらに、直前になって60脚のイスが必要なことに気づくというハプニングスもありましたが、隣のチャイニーズ・オペラのスタジオが大量のイスを貸してくれるという幸運にも恵まれました。このレシピには、たくさんの楽しい思い出が詰まっています。白菜には豊富なアミノ酸と旨味が含まれており、ココナッツオイルとごま油と一緒に調理することで、さらにおいしさが引き立ちます。

材料（2人分）
- 白菜：1/2個（一口サイズに切る）
- ごま油：大さじ2
- ココナッツオイル：大さじ2
- 海塩：小さじ1/2
- ターメリック：小さじ1
- 生姜：約5センチ（みじん切り）

つくりかた
1. フライパンを中火にかけ、ごま油を加え、みじん切りにした生姜を2〜3分炒めます。
2. 白菜を加え、しんなりするまで炒めます。
3. ターメリックとココナッツオイルを加え、フタをして弱火で15分蒸し焼きにします。その後、フタを開けて水分が蒸発するまで炒めます。

Napa Turmeric Sesame Cabbage from Eri-Chiso (Eritrean + Japanese) for Sophie

ソフィーへの白菜のターメリック炒め

ユミへの甘いタヒニソースの
間違ったワンタン

ニューヨークで日本語を話せる友人は、私にとって欠かせない存在です。たとえば、日本語で笑い話をしながら鍋を囲んだり、乾き物を肴にチビチビ飲んだりしたいんだよ。たまに、激動のアメリカ生活の中で、日本の時間感覚に癒されたいときに最高のメンツのひとりが、ジャーナリストのユミちゃん。そんな友人たちと餃子パーティーを企画したときのこと、誰かが持ってきたのは餃子の皮ではなくワンタンの皮でした。餃子の皮もワンタンの皮も同じだろうと思ったら、どうやらワンタンの皮のほうが水分が多いらしく、焼き始めるとなかなかカリッと仕上がらず、水っぽくしんなりしてしまい、緊急事態。そこで、即興でタヒニ、たまり醤油、メープルシロップを混ぜたソースを上からかけてみたところ、餃子とはいえないけれど、ソースが絡んだ「焼きゆでワンタン」とでも呼べる一品ができました。これが予想外においしく、ユニークな味わいとなり、みんなに好評でした。以降うちでもこのバージョンをよくつくります。ちなみに、餃子の具はベジタリアン餃子と同じものです。

材料

- キャベツ：3 カップ（みじん切り）
- ニラ：1 カップ（みじん切り）
- 椎茸：6～7 個（みじん切り）
- にんにく：8 片（すりおろし）
- 生姜：約 7.5 センチ（すりおろし）
- 海塩：少々
- ごま油：大さじ 1
- たまり醤油：大さじ 1
- ワンタンの皮：1 パック

タヒニソース
▶ タヒニ：大さじ 3
▶ 水：大さじ 5
▶ メープルシロップ：大さじ 3
▶ たまり醤油：大さじ 1

つくりかた

1. 大きなボウルに、キャベツ、ニラ、椎茸、生姜、にんにく、ごま油、海塩を混ぜ合わせます。
2. ワンタンの皮を広げ、中央に大さじ 1 のフィリングを乗せ、4 辺を少し水で湿らせて三角形に折ります。
3. フライパンを強火で熱し、フライパンから煙が出始めるまで加熱します。ごま油大さじ 2 を加えてワンタンを並べ、底面がキツネ色になるまで 2～3 分焼きます。
4. 熱湯 1/2 カップを注ぎ、フタをして 5 分蒸し焼きにします。
5. 弱火にしてタヒニソースを加え、焦げないよう混ぜながら絡めます。最後にチリオイルをかけても良いです。

Wrong Wonton with Sweet Tahini *for Yumi*

Natto Humus for Ann
アンへの ひよこ豆と納豆のフムス

微生物学者だったアンがブルックリンのキッチンスタジオで手掛けるクラフト納豆、ニューチャー納豆（NYrture New York Natto）は、世界で最高の納豆と言っても過言ではありません。アンの納豆は豆そのもののおいしさが際立っており、醤油や辛子を加えず、そのまま食べたくなるほどです。私はこの半世紀でさまざまな食べ物を体験してきましたが、一番のごちそうは今でも納豆ごはんです。納豆は、プロバイオティクスやビタミン K をはじめとする優れた栄養素が豊富に含まれたスーパーフードであり、日常的に取り入れたい食材。 アンとは、NEW MUSEUM のイベントでフードベンダーとしてコラボレーションしたことがあり、このレシピは、2019 年にローワーイーストサイドで開催されたヘスターストリート・フェアに一緒に出店した際に生まれたものです。私はそのとき、ニューチャー納豆を使った納豆ピクルスとフムスを提供しました。納豆のナッティーなコクとチーズのような食感が、ターメリックフムスと混ざり合い、さらに濃厚な味わいを生み出します。クリスピーなライスクラッカーとの相性も抜群で、気軽に納豆を楽しめるスナック的なレシピです。

材料
- ひよこ豆：1.5 カップ（ゆでたもの）
- レモン汁：大さじ 4
- にんにく：6 片（すりおろし）
- タヒニ：1/2 カップ
- オリーブオイル：大さじ 4
- 練り辛子：大さじ 2
- ターメリック：小さじ 1
- コリアンダーパウダー：小さじ 1
- クミンパウダー：小さじ 1
- 海塩：小さじ 1
- 納豆：40 グラム
- 氷：1 個

つくりかた
※フードプロセッサーの使用を推奨します。

1. ひよこ豆を 8 時間または一晩、水に浸します。鍋に湯を沸かし、ひよこ豆が柔らかくなるまで 1 時間半ほどゆでます。ゆでている間にアクを取り除きます。
2. フードプロセッサーに、ひよこ豆、レモン汁、にんにく、オリーブオイル、海塩、ターメリック、クミンパウダー、コリアンダーパウダー、タヒニ、練り辛子、そして氷 1 個を加え、すべてが滑らかになるまで撹拌してクリーム状にします。これでフムスの完成です。ボウルに入れて、納豆を加えやさしく混ぜます。

Veggie Dumplings for Thomas
トーマスへの野菜餃子

2006年にベジタリアンになったとき、私はすべての市販品の成分表示を細かくチェックするようになりました。餃子といえば挽肉を使うのが当たり前だと思っていましたが、ベジタリアンになってから「肉なしでも餃子の味は再現できるのか？」と考えるようになりました。結局、にんにく、生姜、ニラ、ごま油の香りと、焼き目のついた餃子の皮、そして酢醤油にドボンと落とすあの感覚——それを私たちは「餃子」として認識するのだと思いました（笑）。肉がなくてもとてもおいしく、メスカル研究者として著書もあるDJのトーマスがうちに来たときには、私たちと一緒に100個は食べたと思います。たくさん食べたいときは、包む作業にパートナーがいると最高です。

材料
- キャベツ：3カップ（みじん切り）
- ニラ：1カップ（みじん切り）
- 椎茸：6〜7個（みじん切り）
- にんにく：8片（すりおろし）
- 生姜：7センチ（すりおろし）
- 海塩：少々
- ごま油：大さじ1
- たまり醤油：大さじ1
- 餃子の皮：1パック

ディッピングソース
- たまり醤油：大さじ1
- りんご酢：大さじ1

つくりかた
1. 大きなボウルにキャベツ、ニラ、椎茸、生姜、にんにく、たまり醤油にごま油、海塩を入れて混ぜます。
2. 餃子の皮に大さじ1の具を乗せ、縁を少し水で湿らし、ヒダをつくりながら包みます。
3. フライパンを強火で熱し、煙が出るまで加熱します。
4. ごま油大さじ2を加え、餃子をできるだけ多くフライパンに並べ、底がキツネ色になるまで2〜3分焼きます。
5. 餃子の上部をつまんで確認し、焦げる前に熱湯1/2カップを注いですぐにフタをし、中火で6〜7分蒸し焼きにします。水がなくなったらフタを開け、皮がカリッとするまで焼きます。
6. たまり醤油とりんご酢を混ぜたディッピングソースを添えてどうぞ。

Black Tiger Salad for Annamarie

アナマリーへのブラックタイガーサラダ

アーティストのアナマリーとグラフィックデザイナーのドミーのカップルは、私たちがソーホーに住んでいたときの大家さんで、月に一度はお互いの家でディナーをともにしていました。スイス出身のドミーが料理をするときは、チーズフォンデュやステーキが定番でしたが、私が料理を担当するときは、アナマリーの希望で野菜中心のメニュー。このサラダは、名前がニューヨークのチャイニーズレストランでよく見かける「タイガーサラダ」に由来しています。基本的には、ごま油とチリ、キュウリ、パクチーを使ったシンプルなサラダですが、このレシピでは黒ごまペーストを使い、クリーミーでありながらさっぱりとした味わいに仕上げています。

材料（7〜8個分）
- キュウリ：3本（ぶつ切り）
- パクチー：1束（約100グラム）
- 海塩：小さじ1

ドレッシング
- 黒ゴマペースト：大さじ3
- りんご酢：大さじ3
- ごま油：大さじ1
- 海塩：小さじ1

つくりかた
1. キュウリとパクチーに海塩を加え、混ぜ合わせます。
2. ドレッシングを加え、手でしっかりと和えます。
3. 仕上げに海塩を少量振りかけます。

Stuffed Cold Tomato Noodles for Joanna

音楽コンサルタントをしているジョアンナと、ダウンタウンのミュージシャン50人をゲストにしたディナーイベントを開催したときにつくったコース料理のひとつです。アメリカのキリンビールがスポンサーで、テーマが「旨味」だったため、グルタミン酸を含むアスパラガスを使ったピクルスや、コーンバターみそスープ、トマトを器にしたガスパチョヌードルをつくりました。

材料
- トマト：1個（中身をくり抜く）
- オリーブオイル：大さじ3
- シェリービネガー：大さじ3
- 玉ネギ：1/2個（角切り）
- 生ラーメン：50グラム
- 海塩：小さじ1
- ミョウガ：少々

つくりかた
1. トマトの上部を慎重にスライスし、中身をくり抜きます。くり抜いたトマトに海塩を振り、冷蔵庫で数時間冷やします。
2. くり抜いた果肉部分をフードプロセッサーに入れ、玉ネギ、オリーブオイル、シェリービネガー、海塩を加えてガスパチョ風のドレッシングをつくります。
3. ガスパチョ風ドレッシングを大きなボウルに入れ、ゆでたラーメンを加えて混ぜます。
4. トマトの器にラーメンを詰めて、ミョウガを乗せます。

ジョアンナへの
冷製トマトガスパチョヌードル

トーキョーターニップスは、アメリカでも人気が高まっている日本のカブの一種で、ファーマーズマーケットやスーパーマーケットでもよく見かけます。皮をむいて食べると、果物のように甘くてジューシーです。90年代からニューヨーク在住の全身アーティストでありミュージシャンのジャイコさんは、「ニューヨークはみんなが半分遊びながら暮らしてる街だから大丈夫だよん」と言ってくれて、私はその言葉に甘えて2011年に引っ越してきたのですが、その言葉は真実でした（笑）。とはいえ、本気で楽しむための根気さえあれば、いつだって最高の展開が待っているのがニューヨークです。最近では"糠漬け"で絵を描く「ヌカアート作家」でもあるジャイコさんに、このシンプルな野菜のレシピを捧げます。

材料
- カブ：4〜5個（皮をむいて葉の付け根を残し8つに切る）
- オリーブオイル：大さじ2
- 海塩：少々
- コショウ：少々
- レモン汁：1/2個分

つくりかた
1. カブを並べ、オリーブオイル、海塩、コショウを振りかけ、最後にレモン汁をかけます。

Fresh Kabu Salad for Jaiko
ジャイコへの新鮮なカブのサラダ

イーストヴィレッジでスピーカーのデザインをしているニックのスタジオで、ブライアンの音楽ユニット GEORGIA のライブがあったときにつくったレシピです。ゲストへのスナックとして、スパニッシュのニックがスパニッシュ・オムレツのトルティーヤを披露してくれ、私はいなりずしと、このブラックオリーブみそスープをつくりました。オリーブは非常に風味豊かで塩味が強いですが、みそと組み合わせてもその風味がしっかり感じられ、なぜかとても相性が良いのです。

材料
- ブラックオリーブ：1缶（スライス）
- 水：6カップ
- 赤みそ：1/2カップ
- 干し椎茸：4個
- 昆布：約10センチ
- 三ツ葉：2本（刻む）

つくりかた
1. 鍋に水、昆布、干し椎茸を加えて中火で加熱します。沸騰したら一旦火を止め、約20分休ませます。
2. オリーブを加え、10分ほど煮ます。
3. 赤みそを溶き入れます。
4. 沸騰させないように注意し、仕上げに刻んだ三ツ葉を散らします。

Spanish Miso Soup for Nick
ニックへの
ブラックオリーブみそスープ

Inari Pocket for Adi
アディへのいなりずしポケット

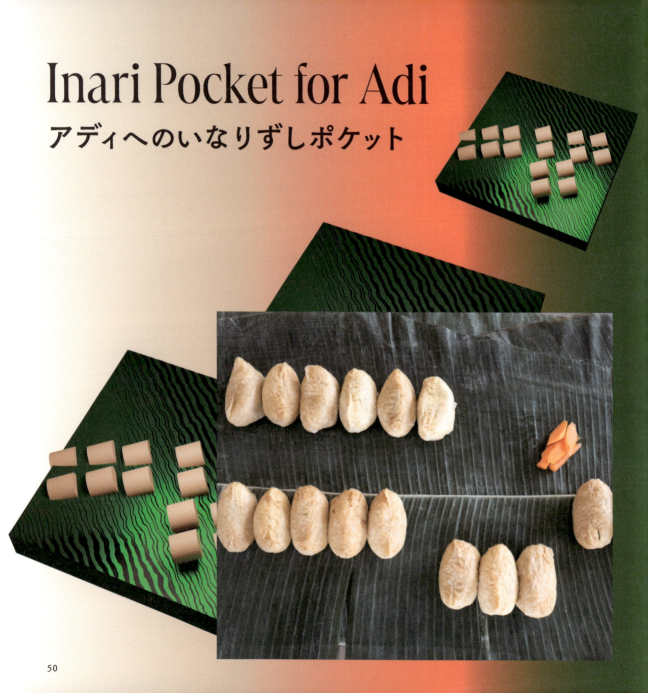

いなりずしは日本のソウルフードです。酢飯と甘い醤油が日本の味だと認識しているアメリカの友人は多く、さらに見た目から「日本のヴィーガン・ナゲット」と言うと、非常に興味を持ってくれます。私の母は、お祝い事や日帰り旅行、運動会のためによくつくってくれました。私のバージョンでは、半分はルッコラサラダ、半分はすし飯を詰めたサラダ感覚ないなりずしになっています。今やっているケータリングでも人気の一品です。フューチャリスティックでアバンギャルドなニューヨーク・ファッションのパイオニア threeASFOUR のデザイナーのひとりでもあるアディはヴィーガンで、彼女がうちに来たときは、ヴィーガンでもノンヴィーガンでも楽しめるいなりずしをつくります。

材料（10 個分）

いなりポケット
- 油揚げ：5 枚（半分に切る）
- たまり醤油：大さじ 3
- アガベシロップ：大さじ 3
- 酒：大さじ 2
- 昆布出汁：1 カップ

すし飯
- 米：2 カップ
- 水：2 カップ

すし酢（2 カップの米に対して）
- りんご酢：大さじ 3
- アガベシロップ：大さじ 3
- 海塩：小さじ 1

具材
- ルッコラ：200 グラム
- オリーブオイル：大さじ 1
- 白ごま：大さじ 1
- 海塩：適量

つくりかた

1. 油揚げを平らに置き、めん棒や菜箸で軽く伸ばしてから半分に切ります。
2. 油揚げを熱湯に入れて約 2 分加熱し、冷めたら手でやさしく余分な水分を絞ります。
3. 鍋に放射線状に油揚げを並べます。
4. 昆布出汁、たまり醤油、酒、アガベシロップを混ぜたものを鍋に注ぎます。
5. 皿または落としブタをします。沸騰させた後、20 分ほど煮詰めます。
6. 煮汁が油揚げにしみてきたら火から下ろし、1 時間ほど冷まします。
7. ルッコラ、オリーブオイル、海塩、白ごまを混ぜて具材をつくります。
8. ごはんが炊けたらすし酢を混ぜ、一口サイズ（大さじ 2）のすし飯をつくります。
9. 油揚げが破けないように注意しながら、すし飯と具材をいなりポケット（油揚げの中）に詰め、パッケージのように閉じます。半分に切って盛りつけるときれいです。

グラベへの四川風セロリピクルス

冷蔵庫に常備しておくと便利なピクルスのレシピです。四川花椒の爽やかなシビレがアクセント。ハーレム育ちのストリートアーティスト、グラベはソーホーの街を徘徊しながらブランドストアのトラッシュを集め、それらを使ってマスクや立体作品を制作しています。彼とはブライアンがストリートで友人になり、その後、パトロールの中継地点としてソーホーの家で休憩したり、プエルトリカンのグラベのママがつくったランチ弁当（ケチャップスパゲッティ＋プランテーン！）をうちで食べたり、私たちが彼のパフォーマンスに参加してライブセッションをしたこともありました。そして、グラベはこのシビレるセロリピクルスに衝撃を受け、うちに寄るたびに、新しい味覚のディスカバーを体験し続けています。

材料
- セロリ：1束（ピーラーで筋を取り除く）
- 四川花椒：小さじ 1/2
- 米酢：1カップ
- 水：1.5カップ
- 海塩：大さじ 1
- アガベシロップ：大さじ 3
- にんにく：2片（スライス）
- 乾燥唐辛子：1本

つくりかた
1. 筋を取ったセロリを5センチほどの長さに切り、ストックバッグまたは瓶に入れます。
2. 鍋にアガベシロップ、海塩、米酢を入れ、海塩が溶けるまで温めてピクルス液をつくります。
3. 粗熱を取ったピクルス液をセロリが入ったジャーに注ぎ、四川花椒、唐辛子、にんにくを加えます。
4. 常温で1日置き、その後、冷蔵庫で保存します。冷えたら食べ頃です。冷蔵庫で最大2週間保存できます。

Sichuan Celery Pickles for Grave

ケイトへのアズキチリスープ

ケイトは、ニューヨークに引っ越して間もない頃、よくライブに一緒に行く友人のひとりでした。当時、彼女はチャイナタウンに住んでおり、ナイトアウトしつつも、しっかりと学校に通い、最終的には鍼灸師の資格を取得。その後、ウッドストックに移り住み、クリニックをオープンしました。私は、自然に触れたくなると年に数回、彼女のアップステートの家にステイさせてもらい、よく一緒に料理をしました。ケイトはアズキが大好きで、毎週一度、まとめてアズキをゆでて保存し、いろんなバリエーションで食べていました。このレシピは、彼女のレパートリーの新たな一品としてつくったものです。日本でもアメリカでも、アズキはスイーツの材料として知られていますが、実はアズキはデンプン質がほかの豆に比べて口あたりもサラサラしており、スパイシーな料理にもよく合います。アズキの栄養価の高さはアメリカでも知られているので、Whole Foods やニューヨークの健康食品店ではオーガニックのアズキが簡単に手に入ります。

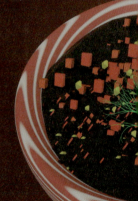

材料（4〜5人分）
- アズキ：2カップ
- 生姜：約5センチ（細切り）
- にんにく：4片（みじん切り）
- 玉ネギ：1個（スライス）
- 赤パプリカ：1/2個（スライス）
- ニンジン：2本（角切り）
- トマト：1個（角切り）
- カットトマト缶：1/2缶
- 水：6カップ
- クミン：大さじ1
- カイエンペッパー：大さじ1
- 海塩：小さじ2
- たまり醤油：大さじ1
- りんご酢：大さじ1
- オリーブオイル：大さじ3

つくりかた
1. アズキをよく洗い、アズキと冷たい水を入れた鍋を火にかけます。沸騰したら一度お湯を切り、新たに6カップの冷たい水を加えます。再度沸騰させ、中火で2時間ほど柔らかくなるまで煮込みます。
2. フライパンを中火で熱し、オリーブオイルと玉ネギを加え、玉ネギがカラメル色になるまで炒めます。次に、にんにくと生姜を加え、さらに数分炒めます。そこに、クミン、カイエンペッパー、海塩を加え、香りが立つまで炒めます。
3. トマトを加え、余分な水分が飛ぶまで炒めます。
4. 煮えたアズキを煮汁ごとフライパンに入れ、カットトマト缶も一緒に加えます。赤パプリカ、ニンジン、アズキが柔らかくなるまで、約40〜60分煮込みます。
5. 最後に、たまり醤油とりんご酢を加え、水分が少なくなるまで煮詰めて完成です。

Azuki Chili for Kate

Cauliflower Salad for Julia
ジュリアへのカリフラワーサラダ

近所に住んでいたイベント・プロデューサーのジュリアは、毎日サラダを食べる習慣がありました。私もそれにトライしてみたところ、毎日だと飽きそうだったので、いくつかバリエーションを考えた中のひとつがこのサラダです。葉物以外の野菜を生で食べるのもアリだよね。生で食べるカリフラワーの食感はナッツのようにしっかりしていて驚きでした。長い間、カリフラワーが生で食べられるとは知らず、タヒニのドレッシングがそのナッツ風味をさらに引き立ててくれるのも発見でした。

材料

- カリフラワー：1/2 個（スライス）
- 赤玉ネギ：1/4 個（スライス）
- ディル：1/2 カップ
- ニンジン：1 本（ピーラーでリボン状にスライス）
- かぼちゃの種：大さじ 1
- 海塩：ひとつまみ

ドレッシング

- タヒニ：大さじ 2
- 水：大さじ 1
- 酢：大さじ 1
- アガベシロップ：小さじ 1
- 海塩：ひとつまみ
- オリーブオイル：大さじ 1
- にんにく：1 片（すりおろし）

つくりかた

1. 大きなボウルにカリフラワー、ニンジンのリボン、赤玉ネギ、ディル、海塩ひとつまみを入れて混ぜます。
2. タヒニ、水、酢、アガベシロップ、すりおろしたにんにく、オリーブオイル、海塩を混ぜ合わせ、野菜に加えて手でよく和えます。
3. 最後にトーストしたかぼちゃの種を振りかけて完成です。

Celery Root Chips for Gelya
ゲリャへのセロリルーツのグリル

ニューヨーク州郊外のことを「アップステート」と呼びますが、ミュージック・フェスティバルで有名なウッドストックもアップステートのピースフルなヒッピータウンです。週末には都会の喧騒から逃れ、ウイークエンドを自然の中で過ごしてリフレッシュするニューヨーカーも多く、私も友人に連れられてよく訪れていました。当時、ニューヨークでクリエイティブ・ディレクターとして働いていた友人のゲリャが、まさに喧騒から逃れて滞在していたウッドストックの山の家を訪ねたとき、ローカルのファーマーズマーケットで初めてセロリルーツを発見しました。その奇妙なルックスから、味の想像もつきませんでしたが、皮をむいてスライスしグリルしてみると、セロリの爽やかな香りを残しつつ、ホクホクとした食感が最高でした。

材料
- セロリルーツ：1個
  （皮をむき4等分にしたあと厚めにスライス）
- オリーブオイル：大さじ3
- コリアンダーパウダー：小さじ1/2
- 海塩：ひとつまみ

つくりかた
1. オーブンを190℃に予熱します。
2. セロリルーツを洗い、皮をむいて4等分にし、厚めにスライスします。
3. セロリルーツに海塩、コリアンダーパウダー、オリーブオイルを加えて手でよく混ぜ、オーブンシートに並べます。
4. ゴールデンブラウンになるまで約20分焼き、裏返してさらに10分ほど焼きます。

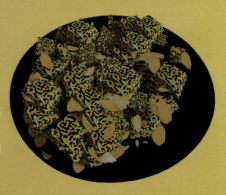

59

Cucumber Bomb for Mariko
まりこへのキュウリ爆弾

このレシピは、アーティストでシェフ、そして時々ケータリングの仕事を手伝ってくれたまりこのためのものです。2018年に私たちはお互いのレシピで構成した「会席スペクトラム」というコースディナー・イベントをローワーイーストサイドの「Entrance Gallery」で開催しました。私がつくった「キュウリ爆弾」とはいわば塩麹のレシピで、塩麹は発酵した米の調味料で下味をつけるのによく利用します。キュウリやキャベツなどの野菜と一緒に漬け込むと、クイックピクルスも簡単につくれます。イベントでは、キュウリをショットグラスの形にして塩麹を注ぎ「爆弾」をつくりました。市販の塩麹は日系のマーケットで見つけられますが、家でも簡単につくれます。

材料
- キュウリ：2本（3センチに切り揃える）
- 麹米：200g
- 海塩：大さじ4
- 水：1カップ

つくりかた
1. まず塩麹をつくります。殺菌した容器に麹米、海塩、水を加え、よくかき混ぜてフタをします。麹米が完全に水に浸かるようにし、足りない場合は水を追加します。
2. 夏は1週間、冬は2週間、毎日1回かき混ぜながら常温で発酵させます（暖かいと熟成が早まります）。麹米が固すぎる場合は少量の水を追加します。初めは塩辛いかもしれませんが、徐々にまろやかになり、1週間ほどで発酵によるとろみと甘い香りが出てくるので、そうなれば塩麹の完成です。冷蔵庫で最大6か月保存可能です。
3. キュウリをショットグラスの長さにカットし、皮に飾り包丁を入れ、内部をくり抜いて塩麹を詰めます。冷やしてからいただきます。

61

Daigaku Potato for Marina
マリーナへのジンジャー大学イモ

大学イモは「昭和の大学生」が放課後に食べていたスナックから名づけられた、オールドスクールなオヤツです。日本ではスーパーのお惣菜コーナーでもよく見かけます。私のアレンジとしては、砂糖の代わりにアガベシロップと生姜汁を使います。ニューヨークで出会った人の中でも、最もホリスティックなものに精通しているのがファッション・コンサルタントのマリーナです。彼女は手づくりギーやハーブのティンクチャー、オニオンのはちみつ漬けなど、さまざまなことを教えてくれました。彼女のブルックリンにある美しいアパートメントでは、まず7杯の発酵中国茶をいただくティーセレモニーから始まり、彼女のハーブやクリスタルボウルのフリークエンシーにとろけ、彼女の家のカウチでよく寝落ちしました。マリーナは私のごはんが大好きで、よく彼女のキッチンで料理をつくったものです。これは、マリーナがオーガナイズした、ゲスト100人の5コースのヴィーガン和食ディナーパーティーのためにつくった一品です。

材料
- さつまいも：2本（約1.5センチの厚さに切る）
- アガベシロップ：大さじ3
- 生姜汁：大さじ2
- 黒ごま：大さじ2
- 揚げ用のサンフラワーオイル：2カップ（揚げ用）

つくりかた
1. 小さめの深い鍋にサンフラワーオイルを入れ、約190℃に加熱します。
2. さつまいもを黄金色になるまで、約6〜7分揚げ、油を切ります。
3. ボウルにアガベシロップ、生姜汁、黒ごまを入れ、揚げたさつまいもと和えます。

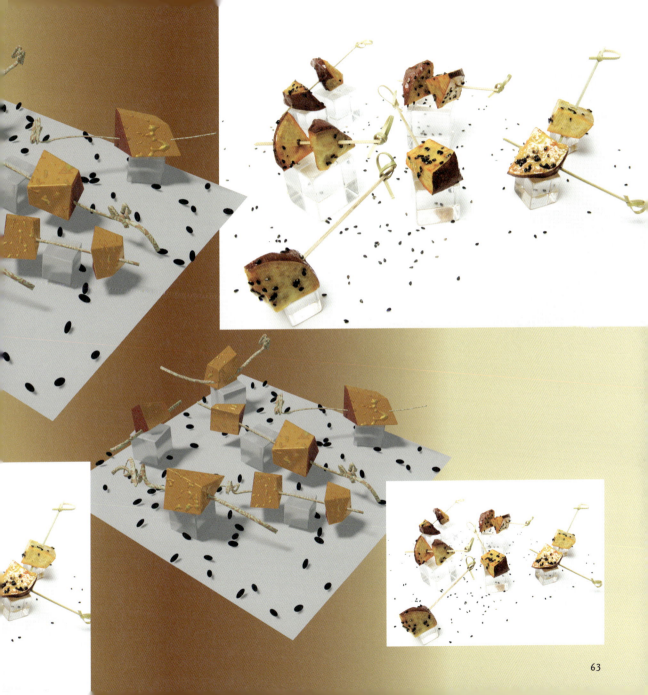

63

Easy Soup-less Ramen Noodles for Gloria

グロリアへの簡単なスープなしラーメン

毎日の料理は常に即興です。同じ料理を繰り返しつくることもありますが、大抵は冷蔵庫にある食材とそのときの気分によるインプロです。この料理はブライアンのお母さん、グロリアのためにつくりました。ニュージャージーにあるブライアンの実家に行くたびに、よく料理をするのですが、料理好きなお母さんはこのラーメンをとても気に入ってくれて、何度もレシピを教えてほしいと言われたので、このレシピは彼女のために記録しました。

材料
- ごま油：大さじ 1
- 生姜：10 センチ（皮をむいて細切り）
- 舞茸：1 パック（食べやすい大きさに切る）
- キュウリ：1 本（細切り）
- 生ラーメン：1 袋
- にんにく：2 片（すりおろし）

ソース
- ごま油：大さじ 3
- りんご酢：1/2 カップ
- 水：1/3 カップ
- はちみつまたはアガベシロップ：大さじ 2
- たまり醤油：大さじ 2
- にんにく：2 片（みじん切り）

つくりかた
1. 小さな鍋を中火で熱し、ごま油、生姜、みじん切りにしたにんにくを加えます。にんにくがこんがりするまで約 3 分炒めます。りんご酢、はちみつ、たまり醤油、水を加え、中火で煮ます（1～2 分）。その後、冷まします。
2. キュウリを細切りにし、別にしておきます。
3. フライパンを中火で熱し、残りのごま油を入れ、舞茸を加えます。舞茸にあまり触らず、焼き色がつくのを待ちながら片面ずつ、焦げ色がつくまで焼きます。全体的にこんがりと焼けてきたら、すりおろしたにんにくを加えて軽く炒め、残りのたまり醤油を加えます。
4. 大きな鍋に水を入れて沸騰させます。沸騰したらラーメンを加え、くっつかないように注意しながら約 4～5 分ゆでます。ゆで上がったら冷水にさらして水を切ります。
5. ラーメンを皿に盛り、ソースをかけます。キュウリの細切りと舞茸、すりおろした生姜をトッピングします。

Date Balls for Sabrina
サブリナへのデーツボール

私はデーツが大好きです。甘いものが欲しくなったときには、デーツがぴったりです。グルテンフリーで、エネルギーに満ちた甘いスーパーフードです。2014〜18年まで、私のCHISO弁当を扱ってくれたローワーイーストサイドのDimes Deliの隣のマーケットで、よくデーツを購入しました。Dimesのオーナー、サブリナが選んでくれる、あんこのようにねっとりとしたメジョールデーツは絶品です。このデーツボールは冷蔵庫で約1か月保存可能です。

材料（7〜8個分）
- メジョールデーツ：15個
- カカオパウダー：大さじ5
- ココナッツオイル：大さじ1
- アガベシロップ：大さじ1
- ココナッツチップ：1/4カップ
- 海塩：ひとつまみ
- カイエンペッパー：適量

つくりかた
1. メジョールデーツ、カカオパウダー、ココナッツオイル、アガベシロップをフードプロセッサーに入れ、粘りが出るまでブレンドします。
2. ココナッツチップと海塩を加え、クランブル状になるまでさらにブレンドします。
3. フードプロセッサーから取り出し、小さなボール状に丸めます。
4. お皿に並べ、数時間冷蔵します。
5. 最後にカイエンペッパーを振りかけます。

67

Fresh Corn Cold Miso Soup for Marcus

マーカスへのとうもろこしの冷やしみそスープ

2018年の夏にローワーイーストサイドで開催されたヘスターストリート・フェアでつくったものです。冷やしみそスープといえば"冷や汁"くらいしか思いつきませんでしたが、ニューヨークでつくるにはミョウガが手に入りにくいなど、つくるのはちょっと難しかったです。この新鮮なとうもろこしを使った冷やしみそスープは、そのシンプルバージョンです。フェアでDJをしていたストリートブランド「ROCKERS NYC」のデザイナー、マーカスはこの冷やしみそスープが大好きでした。氷が溶けて水分が増えるため、このレシピでは通常の倍のみそを使っています。

材料
- とうもろこし：3本（粒を取り外す）
- みそ：大さじ5
- 水：5カップ
- オリーブオイル：大さじ2
- 青しそ：5枚（千切り）

つくりかた
1. とうもろこしの粒を穂先から切り取って外します。
2. フライパンを中火で熱し、オリーブオイルを加えて、とうもろこしを約5分炒めます。
3. とうもろこしが少し茶色くなったら、水5カップを加え、とうもろこしの芯も入れて中火で沸騰させます。
4. 約20分煮込んだ後、とうもろこしの芯を取り出し、火から下ろします。
5. みそをスープに溶き入れます。粗熱が取れたら冷蔵庫に一晩入れて冷やします。
6. 提供するときは、青しそをちらして、氷を加えてください。

Fried Burdock & Carrot for Bobbie

ボビーへのゴボウとニンジンのグルテンフリーかき揚げ

CHISO-NYC を初めて人々に紹介したのは、2014 年の MoMA 別館 PS1 であったニューヨーク・アートブックフェアでした。ブライアンとアーティストで俳優のボビーによるバンド YouWho がライブを行うということで、私はそこに紛れて CHISO-NYC のサンプルをブックフェアに持ち込みました。懐かしい！ その後、ボビーが Dimes のサブリナに紹介してくれたことがきっかけで、CHISO-NYC が本格的にスタートすることになりました。料理やフレーバーの探求が好きなボビーとは、今でもよくディナーをともにしています。最近では、ボビーの結婚式のパーティーフードとしてピクルスをつくりました。このかき揚げは、米粉を使うことで通常の小麦粉使用のかき揚げよりも、カリカリ、サクサクとした仕上がりになります。ゴボウやニンジンの甘さが引き立ち、うちでは定番の揚げ物です。

材料（7〜8 個分）
- ゴボウ：1 本
- ニンジン：2 本
- 米粉：大さじ 3
- 海塩：小さじ 1/2
- サンフラワーオイル：1 カップ

つくりかた
1. ゴボウの皮をむき、ピーラーでリボン状に削ります。ニンジンも同様にリボン状に削ります。
2. リボン状にしたゴボウとニンジンをボウルに入れ、海塩と米粉を振りかけ、箸で混ぜながらコーティングします。
3. フライパンに 1 カップのサンフラワーオイルを入れ、強火で熱します。木製の箸を油に入れ、気泡が見えたら、揚げる準備ができた合図です。
4. 箸を使って、混ぜたリボンを数本ずつ油にやさしく入れます。ひとつずつ丁寧に揚げてください。
5. 両面がキツネ色になり、クリスピーになるまで 10 分ほど揚げます。

Fluffy Okonomiyaki for Jacob
ジェイコブへのふわふわお好み焼き

グルテンフリーのお好み焼きには小麦粉を使わず、つなぎは山芋と米粉で仕上げます。口当たりも軽く、ふわふわな食感になります。山芋は日系やアジア系のスーパーマーケットでしか手に入らないため、通りかかったらとりあえず手に取る食材のひとつです。音楽レーベル「Palto Flats」を主催するジェイコブは、私がニューヨークに来たばかりの頃、バーでDJをしていたときに音楽を通じて友人になったひとりです。その後、GEORGIA の『All Kind Music』をリリースしたり、日本のカルト的な名盤を多数リイシューしたりしています。ジェイコブは日本の味も大好きで、もちろんお好み焼きも知っていたためペロリと平らげてくれました。

材料（2枚分）
- 山芋：1カップ（すりおろし）
- 米粉：大さじ2
- 卵：2個
- キャベツ：1/4個（みじん切り）
- 生姜：50グラム（2センチの千切り）
- 紅生姜：大さじ2（みじん切り）
- たまり醤油：大さじ1
- 青のり：小さじ1
- もち粉：大さじ2
- ごま油：大さじ2
- 水：1/2カップ
- お好み焼きソース：大さじ1
- マヨネーズ：お好みで

つくりかた
1. 大きなボウルにすりおろした山芋、卵、もち粉、水を入れてよく混ぜ合わせます。次にキャベツと紅生姜を加え、さらに混ぜます。
2. キャストアイロンのフライパンを使うのがおすすめですが、ご家庭のフライパンでも大丈夫。中火でフライパンを熱し、ごま油を加えます。お玉半分ほどの生地をフライパンに注ぎ、押しつけずにそのまま焼きます。フタをして数分焼き、底に焼き色がついたらフライ返しで注意深く裏返します。約5〜6分焼いたら再び裏返し、両面がキツネ色になったらお皿に移します。
3. お好み焼きソースとマヨネーズをかけ、青のりを全体に振りかけて完成です。

Fried Garlic & Dill Sushi Rice Balls for Justin

ジャスティンへの
フライドガーリックとディルのすしおにぎり

GEORGIA は、ジャスティンとブライアンが結成した音楽ユニットであり、同時にクリエイティブ・スタジオとして広告のビジュアル、モーショングラフィックスの制作も手掛けていました。彼らと初めて会ったのは 2014 年のことで、音楽を通じてすぐに仲良くなりました。彼らは私のニューヨーク生活を支えてくれ、それが CHISO-NYC の始まりとなり、料理に対する興味が深まるきっかけにもなりました。時には、彼らやクライアントを招いてランチやディナーをつくることもあり、このレシピは彼らの撮影があったときにランチでつくったものでした。すし飯をつくる方法を知っているのは非常に便利で、食欲があまりないときや軽く食べたいときに最適です。フライドガーリックを加えると、さらに食欲をそそります。

材料

- 有機白米：3 カップ
- 水：3 カップ
- ディル：1 束（茎を取り除いてみじん切り）
- にんにく：6 片（みじん切り）
- オリーブオイル：大さじ 2（にんにくを揚げる用）

すし酢（3 カップの米に対して）
- りんご酢：大さじ 4
- 海塩：小さじ 2
- アガベシロップ：大さじ 2

つくりかた

1. 鍋に米と 3 カップの水を入れ、沸騰したらフタをして 12〜13 分炊きます。火を止めてフタをしたまま 10 分蒸らします。
2. その間にフライドガーリックをつくります。小さめのフライパンでオリーブオイルを熱し、にんにくをカリカリの黄金色になるまで揚げ、油を切ります。揚がったにんにくは油から取り出しておきます。
3. りんご酢、アガベシロップ、海塩をすべて溶けるまで混ぜすし酢をつくります。
4. 炊いたごはんにすし酢を加え、フライドガーリックとディルを混ぜ、小さなボール状に成形します。

75

ミホへのアーティチョークの焼きおにぎり

これは、アーティチョーク・ライスを焼きおにぎりとしてつくります。クラシックな焼きおにぎりは、みそや醤油をブラシで塗りながら焼き上げる、日本のバーベキュー料理のひとつです。アーティチョークの焼きおにぎりは、キリンビール主催のディナーイベントでつくりました。「旨味」をテーマにしたそのイベントで、トマト、きのこ、アスパラガスといった天然のMSG（グルタミン酸ナトリウム）ともいえる「旨味」を持つ食材としてアーティチョークを使いました。アーティチョークは、たけのこに似た食感も特徴です。

ソーホーのご近所さんだった、ミュージシャンのミホちゃんとは、よくNew Museumが見える彼女のバルコニーでバーベキューを楽しんでいました。焼きおにぎりの名人ともいえるミホちゃんに、このレシピを捧げたいと思います。

材料

- アーティチョーク：4個
- 米：3カップ
- たまり醤油：大さじ5
- 酒：大さじ5
- 水：3カップ
- 生姜：大さじ1（みじん切り）

バター醤油
- ▸ バター：大さじ1
- ▸ たまり醤油：大さじ2

つくりかた

1. お米を水に約30分浸します。
2. その間、蒸し器でアーティチョークを約30分蒸し、冷まします。
3. アーティチョークの葉を取り除き、ハート部分を小さく切り終えたら、お米の水を切ります。
4. 鍋に水、たまり醤油、酒、生姜、アーティチョークのハート部分を加えます。沸騰したらフタをして15～20分炊き、水分が完全に吸収されるまで加熱します。その後、火を止めて粗熱を取ります。
5. 温かいごはんを1/2カップ分すくってやさしく三角形に成形します。天板にクッキングシートを敷き、おにぎりを並べます。
6. バターを溶かしてたまり醤油を加え、混ぜ合わせます。
7. オーブンを190℃に予熱します。おにぎりの表面にバター醤油をハケで塗り、オーブンで片面を5～10分焼きます。焼き色がついたら裏返してバター醤油を塗り、もう片面もこんがり焼きます。

Grilled Artichoke Rice Ball for Miho

Grilled Cauliflower with Tahini for Shauna

シャウナへの グリルドカリフラワーのタヒニ和え

ブライアンが「P.A.M.」のグラフィックデザインやアニメーションを手掛けていたことがきっかけで仲良くなった P.A.M. のふたり。2019 年にブライアンが COVID-19 によるロックダウン直前に撮影していた私の料理ショー「Grand Street Milki」を最初に見せたのも P.A.M. のミーシャとシャウナでした。その後、パンデミック中に彼らが始めたプロジェクト「A Positive Message」でこのショーを公開することになり、番組に登場するウォーターメロン・ラディッシュのピクルスのグッズでもコラボレーションしました。2022 年には本書のオリジナル英語版『I'm Cooking for You』をコレクションのひとつとしてリリースしてくれました。このレシピは「Grand Street Milki」にも登場します。カリフラワーは天板の上でランダムにスライスするのがおすすめです。まな板を使わないので後片づけも簡単ですし、カリフラワーの粒がカリカリになるのがポイントです。タヒニとレモン汁のナッツ風味はカリフラワーととてもよく合います。

材料
- カリフラワー：1 個（スライス）
- 海塩：大さじ 2
- コリアンダーパウダー：大さじ 1
- タヒニ：大さじ 4
- オリーブオイル：大さじ 4
- 黒コショウ：少々
- レモン汁：1/2 個分

つくりかた
1. オーブンを 190℃に予熱します。
2. 天板の上でスライスしたカリフラワーに、オリーブオイル、海塩、コリアンダーパウダーを加え、手でマッサージするように混ぜます。
3. カリフラワーが黄金色になるまで 30 分焼きます。
4. ボウルに移し、タヒニを加えて軽く混ぜます。最後にレモン汁と黒コショウを加えます。

Grilled Pineapple Hummus Sandwich for Dani

ダニーへの グリルドパイナップル・フムスサンドイッチ

ニューヨークに住み始めた頃、よくライブハウスに遊びに行っていたときに頻繁に遭遇したことが縁で仲良くなったカナディアンのダニー。彼女は私のファッション・アイコンでもあり、彼女自身が手掛けるブランド「Clyde」で帽子やバッグをデザインしています。私は以前、彼女の帽子のモデルを務めたり、一緒に旅行をしたりと、今でも親しい友人です。現在、彼女は拠点をロサンゼルスに移しましたが、会うのがいつも楽しみです。このレシピは、2015 年頃にダニーから「働く女性向けの簡単な料理を紹介してほしい」との依頼を受け、Clyde のホームページ用に考案したものです。料理は短縮できるところはしたいもの。タイムパフォーマンスを上げるために、あらかじめカットされたパイナップル、市販のフムス、プレッツェルのホットドッグ・バンズを揃えておくと良いでしょう。市販の食材に少しアレンジを加えるだけで、簡単においしい料理を楽しめます。

材料

- カット済みパイナップル：お好みの量
- フムス：大さじ 5
- オリーブオイル：大さじ 1（グリル用）
- レモン汁：大さじ 1（フムス用）
- にんにく：1 片（すりおろし、フムス用）
- プレッツェル・ホットドッグ・バンズ
- カイエンペッパー：少々
- 海塩：少々
- 黒コショウ：少々

つくりかた

1. オリーブオイル、レモン汁、黒コショウ、すりおろしたにんにくを市販のフムスに混ぜます。
2. プレッツェル・ホットドッグ・バンズを半分に切り、パイナップルを小さなピースにスライスします。
3. 中火でキャストアイロンを予熱します。パイナップルを並べ、数分ごとに裏返しながら、焦げないように両面をグリルします。
4. プレッツェル・ホットドッグ・バンズをトーストします。トーストしたバンズにフムスを塗り、その上にグリルしたパイナップルをお好みの量だけ乗せます。仕上げにカイエンペッパー、海塩を振りかけて完成です。

81

Miso Zucchini for Rodan
ロダンへのみそズッキーニ

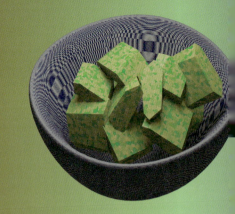

スウェーデンで育ったエリトリアンのアーティスト、ロダンとは一度ディナーパーティーを開きました。テーマはエリトリア料理と日本料理のフュージョン。エチオピア料理でも主食となるインジェラに、さまざまなフレーバーのトッピングを考え、その中のひとつがこのみそズッキーニでした。発酵したクレープのようなスポンジ状のインジェラが、みそをしっかりと吸い込み、絶妙にマッチしました。

材料
- ズッキーニ：2本（乱切り）
- みそ：大さじ3
- オリーブオイル：大さじ3
- メープルシロップ：大さじ1

つくりかた
1. みそとオリーブオイルとメープルシロップを混ぜ合わせます。
2. フタつきの鍋に乱切りにしたズッキーニを入れ、みそとオリーブオイルを満遍なく絡めます。
3. フタをして中火で15分、ズッキーニが柔らかくなるまで加熱します。
4. 時々フタを開けて様子を見ながら、焦げないように鍋を振ってください。

Mushroom Pasta for Naoko
ナオコへのマッシュルームパスタ

マッシュルームの旨味はベジタリアン・ヘブンです。とにかく刻んでください。マッシュルームはあればあるほど旨味が増します。この本の写真を撮ってくれたフォトグラファーのナオちゃんとは、3か月間にわたり毎週ソーホーのうちに集まって、この撮影をしました。アーティストだらけのニューヨークでは、自己トレーニングのために"アート・プロジェクト"をやっている人が多いけど、自己トレーニングにとどまらず出版という形でシェアできたことが本当にうれしいです。ナオちゃんはすべての料理を一緒に食べている貴重な友人！ このパスタは、ベジタリアンのパートナーのためによくつくっているそうです。

材料（2人分）
- オリーブオイル：大さじ3
- 白ワイン：1/2 カップ
- マッシュルーム：2 カップ（みじん切り）
- にんにく：4片（みじん切り）
- 乾燥唐辛子：1本（みじん切り）
- パスタ：250 グラム
- 海塩：小さじ1
- 海塩：大さじ3（パスタをゆでる水用）
- オリーブオイル：大さじ1（仕上げ用）
- パルミジャーノ・レッジャーノ：大さじ2

つくりかた
1. フライパンにオリーブオイル、みじん切りにしたマッシュルーム、海塩ひとつまみを加え、8〜10分ほどマッシュルームが香ばしく色がつくまで炒めます。
2. にんにくと乾燥唐辛子を加え、中火から弱火で5分炒めます。にんにくが黄金色になるまでですが、焦がさないよう注意します。
3. 大きな鍋でパスタをアルデンテにゆでます。
4. 白ワインをマッシュルームに加え、少し煮詰めます。
5. ゆでたパスタを湯切りし、マッシュルームと絡め、仕上げにオリーブオイルを回しかけます。
6. 必要なら海塩で味を調え、パルミジャーノ・レッジャーノを振りかけて完成です。マッシュルームはたっぷり使いましょう！

85

デクスターへの
マイヤーレモンと
キンカンのチャツネ

ブライアンと私にとっての"アメリカのファミリー"といえば、ロサンゼルスで映像プロダクションを経営するビジネスパーソンであり、ジムナスティックスの選手でもあるデクスターです。彼女のエコパークの高台にある家の庭には、競技用のトランポリンと一緒にさまざまな種類の野菜が育ち、マイヤーレモンやキンカン、グレープフルーツなどの柑橘系の木もたくさん植えられていました。私たちはサンクスギビングをロサンゼルスで一緒に過ごすことが多いのですが、11月にはレモンがたくさん実っていたので、チャツネをつくったのでした。

材料

- マイヤーレモン：10個
- キンカン：16個
- レーズン：1/2 カップ
- 玉ネギ：1個（みじん切り）
- 生姜：大さじ3（すりおろし）
- にんにく：3片（みじん切り）
- 黒糖：1.5 カップ
- りんご酢：1カップ
- シェリー酢：1/2 カップ
- 乾燥唐辛子：小さじ 1/2
- コリアンダーパウダー：小さじ1
- カルダモン：小さじ1

つくりかた

1. レモンの皮をむき、内側の白い部分を丁寧に取り除きます。皮は細かく刻んで1カップ分用意します。キンカンも同様に処理します。
2. レモンとキンカンの果肉をブレンダーでジュースにします。
3. 鍋に黒糖、レモン＆キンカンのジュースを入れて加熱し、沸騰させます。レモンの皮、キンカンの皮、玉ネギ、レーズン、生姜、にんにく、カルダモン、コリアンダーパウダー、乾燥唐辛子を加えます。再び沸騰させ、火を弱めて約2時間、時々かき混ぜながら飴色になるまで煮ます。最後にシェリー酢を加えます。
4. 清潔なガラス瓶に保存します。冷蔵庫で数週間保存できます。

Mayer Lemon & Kumquat Chutney for Dexter

Mom's Potato Salad for Ross
ロスへのお母さんのポテトサラダ

思い返すと、24歳くらいまで実家でごはんを食べていました。インターネットのない時代から、テレビや新聞、雑誌などで情報を集めて、新しいフレーバーやレシピに挑戦し、スキルを極めながら、家族の飽きがこないよう、食のチャレンジを毎日し続けてきたお母さんには感謝しかありません。特に、うちのお母さんは酸っぱい食べ物、お酢の利いた食べ物が大好きで、ソース焼きそばよりもあんかけ焼きそばにお酢と辛子、南蛮漬けに梅煮、甘酢の利いたピクルスのバリエーションが豊富で、お母さんのポテトサラダは酢と練り辛子をたっぷりと使ったさっぱりとしたテイストになっています。日本では、居酒屋の鉄板メニューこと「夜の国民食」としても愛されているポテトサラダですが、アメリカでのキユーピーマヨネーズの人気もさることながら、このポテトサラダを提供すると高確率で友人が増えます。ロスはソーホーにいたときのご近所さんで、今でも家族ぐるみでよくごはんを食べています。「SALVOR PROJECTS」という名前でスクリーンプリントやプロダクトデザインをしていたときの作品は日本でも取り扱われていました。いろんなポテトサラダを食べてきたロスいわく、私のやつがベストだそうです。

材料

- ジャガイモ：4個（ザク切り）
- マヨネーズ：1/4カップ
- 練り辛子：1/4カップ
- ニンジン：1本（細切り）
- キュウリ：1本（薄切り）
- りんご酢：大さじ3
- 赤玉ネギ：1/2個（細かく刻んだあと10分水に浸す）
- セロリ：1本（筋を取って刻む）
- 固ゆで卵：2個（白身は刻み黄身は飾り用に）
- 海塩：小さじ1

つくりかた

1. 水にジャガイモを入れ、柔らかくなるまでゆで、卵は固ゆでにし約20分後に湯切りします。
2. 1で使った鍋にジャガイモを戻し、鍋の余熱を利用しつつジャガイモを潰していきます。その後、りんご酢と赤玉ネギ、セロリ、ニンジン、キュウリ、辛子、マヨネーズ、みじん切りにした固ゆで卵の白身を加えてよく混ぜます。
3. 最後に固ゆで卵の黄身を崩しながら振りかけ、混ぜ合わせたら完成です。

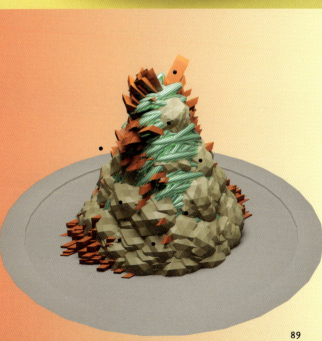

89

Napa Cabbage & Shiitake Bacon for Louise

ルイーズへの白菜と椎茸ベーコンのサラダ

白菜はアメリカでもヨーロッパでもスーパーなどでよく見かける野菜で、たくさんの旨味があります。私はサラダの葉のように生で食べるのが大好きです。このレシピでは椎茸ベーコンをつくるのにバターを使用しましたが、ココナッツオイルを使ってもいいと思います。醤油とバターでカリカリに焼いた椎茸ベーコンは風味が強いため、生の白菜と混ぜるとドレッシングのように使えます。このレシピは、パリに住む友人でサウンドアーティストのルイーズのモンパルナスのフラットに滞在したときにもつくりました。白菜はパリ発のオーガニックスーパー、「ビオセボン」で購入しました。

材料

- 白菜：1/2 個（一口大に切る）
- ごま油：大さじ 3
- 海塩：小さじ 1/2

椎茸ベーコン
- 椎茸：4 個（薄切り）
- バター：大さじ 1.5
- たまり醤油：小さじ 2

つくりかた

1. ボウルに白菜と海塩を入れ、手でやさしく揉みます。
2. オーブンを 190℃に予熱します。オーブン対応のフライパン（キャストアイロンなど）を中火にかけて、バターを入れます。バターが溶け始めたら、椎茸を加えてしんなりとバターがなじむまで炒めます。
3. たまり醤油を加え、少し炒めてから、フライパンをオーブンに入れ、5 ～ 8 分ほどすると、においも香ばしいクリスピーな椎茸ベーコンに変身。焦げないように注意してください。
4. 白菜に椎茸ベーコンを振りかけ、箸で混ぜてコーティングします。

91

Pineapple Gazpacho for Brian

ブライアンへのパイナップルガスパチョ

夏のニューヨークは最高だけど、驚異的に暑いので、みんなブレイクスルーを求めています。そんな夏日に夫のブライアンが「パイナップルとフェンネルが食べたい！」と言ったので、私はシンプルに塩とオリーブオイルでグリルするつもりでいましたが、その日の気温はすでに 32℃。これは冷たい料理がぴったりだと思い、このガスパチョをつくることにしました。このレシピはそのときに閃いたアイデアですが、この料理を想像しただけで私たちはヨダレが出そうになりました。冷たくて、酸っぱくて、スパイシーで、自然な甘さとガーリックのパンチが口と脳をリフレッシュさせてくれます。このパイナップルガスパチョは 2018 年の夏限定で Dimes のレストランメニューにもなりました。

材料

- 熟したパイナップル：1 個
  （皮をむいて芯を取り一口大に切る）
- フェンネル：1/2 個（一口大に切る／約 1/3 カップ）
- キュウリ：1 本（一口大に切る／約 1/4 カップ）
- ハラペーニョ：1 本
- にんにく：5 片
- りんご酢：大さじ 2
- はちみつ：大さじ 1
- 海塩：小さじ 1/4
- オリーブオイル：大さじ 3
- 水：2 カップ

つくりかた

1. パイナップル、キュウリ、フェンネル、ハラペーニョ、にんにく、りんご酢、はちみつ、海塩、オリーブオイル、水をブレンダーに入れ、滑らかになるまでブレンドします。
2. 1〜2 時間冷蔵庫で冷やして完成です。

Rice & Beans for Jessica

ジェシカへのライス&ビーンズ

このレシピは、コスタリカのマンゴーマウンテンに滞在した際に教わったものです。ココナッツミルクでごはんを炊くのがコスタリカ流。このミルキーなごはんにブラックビーンズを混ぜ合わせたものが、コスタリカのライス&ビーンズです。私とブライアンの結婚式の立会人でもあり、ニューヨークの母ともいえるコロンビア人アーティストのジェシカは、いつもビーンズシチューにバスマティライスを添えたコロンビア風のライス&ビーンズをつくってくれますが、私が彼女のためにつくるときは、このコスタリカ風のバージョンにしています。

材料

- オーガニックココナッツミルク：1缶
- ココナッツオイル：大さじ3
- 生姜：約5センチ（皮をむいて細切り）
- にんにく：1/4片（みじん切り）
- 玉ネギ：1個（みじん切り）
- オーガニックブラックビーンズ（缶詰）：1カップ
- たまり醤油：大さじ1
- 米：2カップ
- 水：1.5カップ

つくりかた

1. 米を洗い、米、ココナッツミルクと水を一緒に鍋に入れます。フタをして中火で沸騰させます。沸騰したら火を弱め、フタをしたまま12～13分、または水分が完全に吸収されるまで炊きます。水分が残っている場合は、フタを閉じてさらに炊き続けます。炊き上がったら、火から下ろし、フタをしたままさらに10分蒸らします。
2. 中火でフライパンを熱し、ココナッツオイルを入れ、みじん切りにした玉ネギを加えます。
3. 玉ネギがカラメル色になるまで炒めた後、にんにくと生姜を加えます。さらに2～3分炒め、ブラックビーンズとたまり醤油を加えて弱火で香りが立つまで軽く炒めます。
4. ココナッツミルクで炊いたごはんと、炒めた3を混ぜ合わせて完成です。

Shaved Beets & Arugula Salad for Glen

グレンへのビーツのリボンとルッコラのサラダ

元ヴィーガンや元ベジタリアンという友人は多いものの、現在進行形でベジタリアンの友人は意外と少ないです。そんな中、レコードレーベル「Patience」を運営するグレンはベジタリアンであり、ヨギーでもあります。このシンプルに野菜の味わいを楽しむレシピは、きっと彼にぴったりだと思います。一見シンプルに見えますが、心配しないでください。ビーツのジュースが塩とオリーブオイルと合わさり、素晴らしい風味を引き立ててくれます。

材料
- ビーツ：1個（ピーラーでリボン状に削る）
- ルッコラ：50グラム
- 海塩：少々
- オリーブオイル：大さじ2

つくりかた
1. ピーラーを使って、ビーツをリボン状に削ります。
2. ルッコラとリボン状にしたビーツをボウルに入れます。
3. 海塩とオリーブオイルを振りかけ、箸で和えてコーティングします。

アンソニーとジェニーへの
スパイシーな四川風ナス

アメリカでの中華料理は、日本の中華料理とはかなり異なり、ほとんどが甘辛くて照りがあり脂っぽいですが、みんなそれが大好きです。対して、日本の中華料理はよりジンジャーの風味が効いており、豆豉や四川花椒などのスパイスもよく使われ、甘さも控えめです。日本に住んでいた頃は脂っぽいと思って食べていた中華料理も、アメリカのそれに比べればさっぱり味だったのかと、たまに町中華が恋しくなります。

このレシピでは、ナスを事前に水に浸すことなく、ソースで蒸し煮にしています。この方法だと、油で揚げなくても柔らかくなり、溶けてきれいに調理されます。私の最初のEP「Splashing」をリリースしてくれた音楽レーベル「Incienso」のふたり、アンソニーとジェニーは、たまにソーホーやコネチカットの私の家にも遊びに来てくれて、ブライアンのスタジオでジャムをしたり、一緒にごはんを食べたりします。このレシピは、ジェニーも自宅でつくったそうです。

材料

- 米ナス：1本
  （1本を10〜12本の長めの細切れにする）
- にんにく：5片（みじん切り）
- 生姜：約5センチ（皮をむいてみじん切り）
- ごま油：大さじ3〜4
- 赤カレーペースト：大さじ2
- 四川山椒（挽いたもの）：大さじ2
- アガベシロップ：大さじ1
- 水：1カップ
- たまり醤油：1/4カップ

つくりかた

1. ボウルにたまり醤油、アガベシロップ、カレーペースト、水を混ぜてソースをつくっておきます。
2. 中火で鍋を温め、ごま油を加え、にんにく、生姜、四川山椒を色がつくまで軽く炒めます。
3. ソースを鍋に入れ、沸騰し始めたらナスを加えます。フタをして、たまにかき混ぜながら20分ほど煮ます。
4. ナスが柔らかくなり、ソースがしっかり染み込んだら、最後にごま油を少量振りかけて完成です。

Spicy Szechuan Eggplant for Jenny & Anthony

Golden Beets & Carrot Kinpira for Evan & Liutas

エヴァン&リュータスへの
ゴールデンビーツとニンジンのきんぴら

「Yellow Chiso」は、ヘスターストリート・フェアで開催されたカジュアルアート・フェアに出品したもので、食べられる彫刻として、サフランライス、イエローズッキーニ、ターメリックフムス、ゴールデンビーツのきんぴら、レモンピクルスを層にしたレイヤーフードを提供しました。パンデミックの際、ギャラリストのリュータスとサステナビリティ・オフィサーであるエヴァンのカップルのアップステートの家にステイさせてもらったことが、自然に近い生活を考える大きなきっかけになりました。そのときは、近くのファーマーズマーケットで手に入る食材でさまざまな料理をつくりましたが、ゴールデンビーツはそのひとつでした。きんぴらは日本では食卓の定番で、アメリカでも日本食の一品として有名ですが、ゴボウはまだまだ普及していないため、ゴールデンビーツとニンジンでつくっています。きんぴら自体は大好物というわけではないですが、ついつい食べたくなってしまう味ですよね

材料

- ゴールデンビーツ：1個（千切り）
- ニンジン：1本（千切り）
- ごま油：大さじ1
- 酒：大さじ1
- たまり醤油：小さじ1
- 乾燥唐辛子：1本（みじん切り）
- 黒ごま：大さじ1

つくりかた

1. ゴールデンビーツの皮をむき、千切りにします。ニンジンも同様に千切りにします。
2. フライパンでごま油と乾燥唐辛子を熱し、ゴールデンビーツとニンジンを10分ほど炒めます。
3. 酒を加えて1分ほど炒め、水分が蒸発する直前にたまり醤油を垂らします。カラメル色になったら火から下ろし、黒ごまを振りかけて混ぜます。

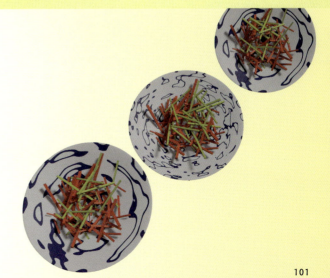

日本人以外の友人たちは、家で手巻きずしをつくることにとても驚きますが、私がつくるのは主にベジタリアンバージョンです。手巻きずしパーティーは、白米、海苔、醤油、酢、アガベシロップまたはメープルシロップなど、基本的な材料さえあればどこでも開催できます。自分の好きな新鮮な野菜や食材を使って具材を準備して、酢飯と一緒に食べたい具材のアイデアがあればいいだけ。手巻きずしの魅力は、各自が好きな具材を選んで、自分だけの組み合わせを楽しめることです。そして、そこにいる全員が実は違う味を楽しんでいるのも手巻きずしの好きなポイント。手巻きずしはまさに組み合わせの美学です。まずは、基本の組み合わせを教えますが、そこから自分だけの特別な組み合わせを見つけてください :)

材料

基本の巻きずし用
- 海苔：10 枚（4 等分に切る）
- すし米：3 カップ（詳細は 74 ページ「フライドガーリックとディルのすしおにぎり」を参照）

具材（生のまま）
- アボカド：1 個（スライス）
- キュウリ：2 本（棒状に切る）
- シソの葉：10 枚（半分に切る）
- ネギ：適量（細切り）

その他の具材
- モチコーン（→ 24 ページ）
- 焼きナスのババガヌーシュ（→ 30 ページ）
- フライドゴボウとニンジン（→ 70 ページ）
- 椎茸ベーコン（→ 90 ページ）

冷たいジンジャーオクラ
- オクラ：10 本（ゆでる）
- 生姜汁：大さじ 1
- たまり醤油：小さじ 1
- 海塩：大さじ 1

※オクラを洗い、先端を切り落とします。海塩を加えた鍋で 3 分ゆでます。ゆでている間に氷水を用意しておきます。オクラを湯切りし、氷水に入れ、最後に生姜汁とたまり醤油でマリネにします。

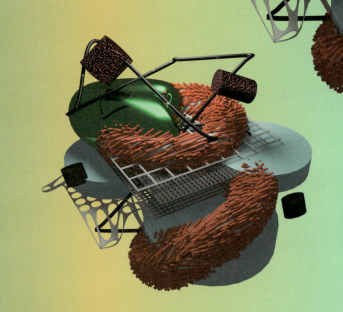

Hand Roll Party
for lovely friends
最高の友人への手巻きずしパーティー

Somen Party for lovely friends

大切な友人へのそうめんパーティー

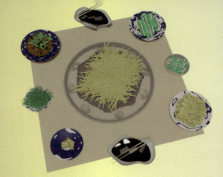

食べることは私たちにとって大きな喜びのひとつなので、自分の味覚を尊重することが大切。また、食べたくないときは無理に食べなくてもいいと思います。ハーフセンチュリーを生きてきた末にしっくりきたのは、私はみんなのために生きているわけではなく、自分のために生きているということです。音楽もアートも食べ物も、クリエイティブなことは同じ感覚を共有できる仲間や物好きな方と楽しめれば十分だと思います。みんな違うからね。このレシピは、私の料理を楽しんでくれる友人のために考えました。冷たい麺は夏に楽しむものですが、ニューヨークのアパートは冬になると暖房が効きすぎることが多いので、トッピングをたくさん揃えた冷たいそうめんは、冬のパーティーフードとしても喜ばれます。手巻きずしと同様に、各自が好きなトッピングを楽しむことで、実は全員が違った味わいを楽しんでいるのが最高です。この本からは、モチコーン、焼きナスのババガヌーシュ、そしてフライドゴボウとニンジンをおすすめします。

材料

- そうめん：4束（約400グラム） つけ汁
- 青ネギ：4本
- おろし生姜：大さじ2
- シソの葉（オプション）
- たまり醤油：大さじ6
- 酒：大さじ3
- はちみつ：大さじ3
- 昆布：20センチ
- 椎茸：4～5個（スライス）
- 水：2カップ

つくりかた

1. 昆布を2カップの水に入れて沸騰させ、弱火にして20分煮ます。
2. スライスした椎茸、酒、はちみつ、たまり醤油を加え、さらに20分煮ます。
3. 椎茸に煮汁が染みてきたら火を止め、具を濾してつけ汁の完成です。余った椎茸も具材のひとつとして使えます。

具材

- モチコーン（→24ページ） ・焼きナスのババガヌーシュ（→30ページ） ・フライドゴボウとニンジン（→70ページ）

105

 Published by A+ Positive Message
©Perks and Mini MMXXII

110

Z. Susskindさんからあなたへ

キキとブライアンは一日中屋上で過ごしており、私たちを夕食に招待してくれました。

エレベーターを降りてアパートのドアをノックすると、キキが「イエーイ」という長い声で迎えてくれましたが、その後は静寂が訪れました。実際には、ストーブからかすかに「ジュージュー」という蒸気の音が聞こえていたのですが、最初は気づきませんでした。

いつもアパートでは誰かがジャムセッションをしているのですが、そのときは違っていました。音楽はまるで屋上に消え去ったかのようで、キッチンは薄暗かったものの、キキが即興演奏をしているかのような、興奮とリズム感、そして自由奔放な雰囲気が漂っていました。

彼女は私たちに、廊下に流れ込む香りを感じさせ、その香りを追いかけて階段を上り、私たちは屋上へと出ました。ブライアンは、ストリートフードについての番組を観て、一日中それについて空想していたと言います。すると、キキはそれをかなりの頻度で再現し、出来たての料理を屋上に持ってくるのです。

キキがつくった料理を食べるときは、まるで彼女のスタジオに座っているかのような感覚です。キキの背景や考えが伝わり、クリエーションを楽しんでいる様子がうかがえます。キキは、毎回驚きを提供してくれ、私たちが知っていると思っていた食材でも新たな発見をもたらしてくれます。キキはシンプルさや改善について考えさせてくれ、彼女の行動が私たち自身の行動に反映されるよう促してくれます。

キキは常にハードルを高めてくれますが、それはいつも私たちには少し手が届かないところにあります。

もしかしたら、本書がそのハードルを越えられるチャンスを提供してくれるのかもしれません。

工藤キキ

横浜生まれ。シェフ、ミュージックプロデューサー、ライター。2011年にニューヨークに拠点を移す。2014年にアートフードプロジェクト「CHISO-NYC」をスタート。レストランへのレシピのデザイン、フードを絡めたイベントなど「食」にまつわる活動をしている。
kikikudo.com　Instagram：@chisonyc

KIKIのニューヨーク・ベジタリアン入門
おうちでたべよう ヘルシーレシピ48

2024年12月8日　初版第一刷発行

著者	工藤キキ
編集	TAXIM
ブックデザイン	ブライアン・クローズ
写真	前田直子
日本語版デザイン	川辺彩矢

発行者	河村季里
発行所	株式会社 K&Bパブリッシャーズ
	〒101-0054　東京都千代田区神田錦町2-7 戸田ビル3F
	電話 03-3294-2771　FAX 03-3294-2772
	E-Mail　info@kb-p.co.jp
	URL　http://www.kb-p.co.jp

印刷・製本	株式会社 シナノ パブリッシング プレス

落丁・乱丁本は送料負担でお取り替えいたします。
本書の無断複写・複製・転載を禁じます。
ISBN978-4-902800-94-4
©K&B Publishers 2024, Printed in Japan